스마트한 10대를 위한 디지털 문해력

보랏비소 어린이
Borabit Cow

얼마 전 음식점에 갔는데, 옆 테이블에서 어느 가족이 식사하는 모습을 봤어요. 초등학생으로 보이는 어린이와 부모님이 있었죠. 그런데 어린이가 식사는 하는 둥 마는 둥 하며 스마트폰에만 시선을 고정하고 있는 거예요. 부모님은 걱정스러운 표정으로 이제 그만 스마트폰을 놓고 밥을 먹으라고 타일렀지만, 어린이는 스마트폰에 빠져 부모님 말씀이 들리지도 않는 것 같았어요.

그 광경을 보며 '대체 무엇을 저렇게 재미있게 보고 있을까?' 궁금하면서도 한편으론 걱정이 되었답니다. 어린이가 스마트폰을 사용할 땐 조심해야 할 것들이 많으니까요.

여러분 중에는 이미 비슷한 경험을 한 친구들도 있을지 몰라요. 스마트폰 좀 그만 보라며 혼이 나거나 잔소리를 들은 경험 말이에요. 이렇게 재미있고 편리하기만 한 스마트폰 사용을 어른들이 말리는 이유가 대체 뭘까요? 그건 여러분이 디지털 세상에서 위험한 것들에 노출될 수도 있기 때문이에요.

넘쳐 나는 정보와 콘텐츠가 우리에게 마냥 유익하기만 할까요? 내가 접하는 정보는 모두 믿어도 될까요? 안타깝지만 그렇지 않아요. 그러다 보니 우리에게는 한 가지 능력이 꼭 필요한데, 그것이 바로 '디지털 문해력'이에요.

이 책은 앞으로 디지털 세상을 살아갈 어린이 여러분을 위해 만들어졌어요. 여러분이 스마트폰을 올바르게 사용하고 유해한 콘텐츠가 무엇인지 판단할 수 있도록 도와줄 거예요. 가짜 뉴스, 허위 광고, 온라인 범죄 같은 위험 속에서 스스로를 지킬 방법도 배울 수 있어요.

어른인 저도 이 책을 쓰면서 '디지털 세상엔 조심해야 할 것들이 정말 많구나!' 하고 깜짝 놀랐답니다. 그래서 어린이 여러분이 그 세상을 안전하고 지혜롭게 나아갈 수 있도록 함께하고 싶다는 마음이 더욱 커졌어요. 이 책을 통해 우리 친구들이 멋진 디지털 시민으로 거듭나길 소망해요.

책이 만들어지기까지 많은 도움을 주신 보랏빛소 출판사와 김이슬 에디터 님께 감사드립니다. 그리고 언제나 사랑으로 함께해 주는 아내에게도 감사를 전합니다. 마지막으로 꿈과 희망으로 하루하루를 채워 갈 어린이 여러분의 스마트한 앞날을 응원합니다!

– 신유종

2장 **무서운 가짜 뉴스**

3장 아찔한 스마트폰 범죄

1장

알쏭달쏭 궁금해!
디지털 문해력

디지털 강국 대한민국,
디지털 문해력은 꼴찌?

학교 쉬는 시간, 은우는 친구들과 재미있게 이야기를 나누고 있었어요.

"어제 〈보라TV〉 봤어? 보라 언니가 새로 나온 장난감을 보여 주는데 너무 재미있었어."

"나도 봤어. 이번 생일에 그 장난감 받으면 진짜 좋을 텐데."

그런데 그때 가은이가 조심스럽게 이야기를 꺼냈어요.

"너네 혹시 그 이야기 들었어? 어느 유튜버가 그러는데 ○○ 아이돌 그룹의 리더가 학교 다닐 때 친구들을 많이 괴롭혔대."

순간 은우의 얼굴이 굳었어요. ○○ 아이돌 그룹은 은우가 제일 좋아하는 가수였거든요. 특히 멤버 중에서도 리더의 열혈 팬이었던 은우는 고개를 강하게 저으며 소리쳤어요.

"그럴 리가 없어!"

"진짜야. 그 유튜버는 거짓말 안 해."

○○ 아이돌 그룹의 리더가 학교 폭력 가해자라니! 믿을 수 없는 말에 은우는 화가 났어요.

집에 돌아온 은우는 ○○ 아이돌 그룹의 팬카페에 들어갔어요. 벌써 많은 사람이 리더를 욕하고 있었어요.

'학교 폭력 가해자는 팀을 탈퇴해라!'

'너 때문에 얼마나 많은 사람이 고통받았는지 알아?'

그런데 또 한편에서는 리더의 편을 드는 글이 올라오며 악플을 쓰는 사람들과 맞서 싸우고 있었어요.

'헛소문에 속지 말자!'

'우리 리더가 얼마나 착한 사람인데!'

게시판을 가득 채운 글을 보며 은우는 자기도 한마디 해야겠다고 생각했어요.

'학교 폭력 가해자라는 증거도 없잖아! 거짓말이 분명해!'

그날 저녁 포털 사이트에는 ○○ 아이돌 그룹 리더의 해명 기사가 올라왔어요. 자신은 학교 폭력 가해자가 아니며 허위 사실을 유포한 유튜버에게 책임을 물을 것이라는 내용이었어요.

"그럼 그렇지. 내가 좋아하는 아이돌이 친구들을 괴롭혔을 리가 없잖아!"

곧이어 그 아이돌을 학교 폭력 가해자라고 지목한 유튜버의 영상도 온

데간데없이 사라졌어요. 은우는 헛소문을 낸 유튜버가 벌을 받아야 한다고 생각했어요.

다음 날 학교에 간 은우는 의기양양하게 가은이에게 말했어요.

"거봐, ○○ 그룹 리더가 친구들을 괴롭혔다는 건 거짓말이잖아."

"기사를 믿어? 그거 아이돌 기획사에서 언론 조작한 거잖아."

"뭐라고? 신문에 나왔으면 진짜지!"

"흥, 조작 기사에 속다니."

"아닌데……."

가은이의 말을 들은 은우는 고민에 빠졌어요. 대체 누구의 말이 맞는 것인지 알 수가 없었으니까요.

'진실은 대체 뭘까? 뭘 믿어야 할까?'

💬 디지털 세상에 온 걸 환영해!

여러분은 궁금한 것이 생기면 어떻게 해결하나요? 많은 친구가 스마트폰이나 컴퓨터를 이용해서 검색해 본다고 자신 있게 대답할 거예요. 그런데 스마트폰도, 인터넷도 없던 시대에는 어떻게 필요한 정보를 찾았을까요? 그 당시 사람들은 책이나 신문 등 활자를 통해 정보를 얻었어요. 그러다 우리도 잘 아는 텔레비전과 라디오가 생기면서 영상과 소리로도 소식과 정보를 얻을 수 있게 되었고요.

지금은 어떤가요? 책, 신문, 텔레비전뿐만 아니라 스마트폰과 컴퓨터, 태블릿 등을 통해 언제 어디서든 원하는 정보를 얻을 수 있어요.

이렇게 정보를 전달해 주는 매개체이자 도구를 미디어(media)라고 해요. 미디어가 발달하고 지금의 디지털 세상이 되면서 우리는 지구 반대

편에 있는 사람과도 언제 어디서나 소통할 수 있게 되었고, 정보 또한 자유롭게 얻을 수 있게 되었어요. 더 놀라운 것은 정보를 얻을 수도 있지만 우리 또한 정보를 만들어 낼 수 있다는 거예요. 과거에는 사람들에게 나의 생각과 지식을 알리기 위해서는 텔레비전이나 라디오 같은 매체에 출연해야 했다면, 이제는 내가 크리에이터가 되어 사람들에게 직접 소개할 수 있는 시대가 된 거죠. 실제로 많은 사람이 유튜브 채널 등

을 직접 운영하면서 내가 가진 정보와 생각을 전달하고 있어요. 심지어 여러분 같은 어린이들도요!

그런데 우리는 지금 미디어를 얼마나 정확하고 올바르게 사용하고 있을까요? 컴퓨터와 스마트폰 같은 전자기기를 익숙하게 사용할 수 있다고 해서 미디어를 잘 사용하는 것일까요? 또 미디어를 통해 접하는 정보는 모두 사실일까요? 그렇지 않아요. 미디어를 제대로 사용하기 위해선 우리에게 특별한 능력이 필요해요. 그것이 무엇인지 지금부터 알아봐요.

💬 문해력? 그게 대체 뭐야?

그 능력은 바로 '디지털 문해력'이에요. 디지털 문해력이란 말이 조금은 어렵고 생소할 거예요. 디지털 문해력이 무엇인지 이해하기 위해서는 우선 문해력이란 무엇인지 알 필요가 있답니다.

문해력이란 글을 읽고 쓸 줄 아는 것뿐만 아니라 그 내용을 이해하고 표현할 수 있는 능력을 말해요. 특히 디지털이 발달하기 전 신문과 책으로 정보를 얻던 시대에는 문해력이 없어서는 안 되었어요. 세상에 무슨 일이 일어나고 있는지 알려면 신문을 봐야 했고, 원하는 정보를 얻기 위해선 책을 읽어야 했으니까요. 글을 가까이 해야 하는 환경은 문해력 발달에 큰 도움이 되었지요. 그러나 오늘날에는 짧은 SNS 글과 숏폼 영상 등이 늘어나며 긴 글을 읽을 기회가 줄어들었고, 문해력 발달이 어려워지고 있어요.

　문해력이 부족하면 어떤 일이 벌어질까요? 혹시 책을 읽어도 무슨 내용인지 잘 모르겠거나 종이 가득 적힌 글만 봐도 답답하게 느껴지는 친구가 있나요? 물론 요즘은 유튜브에서 어려운 내용도 짧고 쉽게 쏙쏙 설명해 주고 있으니 글을 좀 이해하지 못해도 문제가 되지 않는다고 생각할지도 몰라요. 하지만 영상 매체로 쉽게 정보를 얻을 수 있다고 해서 문해력이 필요 없는 건 아니에요.

　하나의 예를 들어 볼까요? 한 웹툰 작가가 사인회를 열기로 했는데 예약 과정에서 문제가 발생하여 사람들에게 사과를 하는 일이 있었어요. 그때 웹툰 작가는 '심심한 사과 말씀드립니다'라는 표현을 사용했는데, 사람들은 '심심한 사과'가 무슨 뜻인지 몰라서 화를 냈다고 해요. 정중하게 사과해야 할 자리에 심심하다는 표현을 쓰면 어떻게 하냐면서 말이에요. 그런데 '심심하다'라는 말의 뜻에는 '하는 일이 없어 지루하고 재미가 없다'는 의미만 있는 것이 아니에요. '매우 깊고 간절한 마음'을 표현할 때도 사용할 수 있는 말이죠.

　결국 심심하다는 말에 숨겨진 뜻을 몰라서 벌어진 안타까운 해프닝이었어요. 이렇게 어휘의 뜻을 제대로 파악하여 글의 의미를 정확히 이해하는 데도 문해력이 필요해요. 어휘력의 크기가 세상을 이해하는 크기라는 말이 있는 만큼, 어휘력이 좋을수록 세상을 넓게 바라볼 수도 있지요.

　또 문해력은 학교에서 새롭게 배우는 것들을 더욱 잘 이해할 수 있도

록 해 줘요. 읽는 능력은 모든 공부의 기본이 되는 도구예요. 그렇기 때문에 읽고 이해를 하지 못하면 공부가 힘들 수 있어요. 그뿐만이 아니에요. 문해력을 기르지 않으면 하고 싶은 말을 글로 표현하는 데 어려움을 겪을 수 있어요.

문해력은 하루아침에 생기는 능력이 아니기 때문에 초등학생 시절에 충분히 훈련하고 길러야 해요. 독서는 문해력을 기르는 첫걸음이 될 수 있어요. 무슨 책을 읽어야 할지 모르겠다면, 평소 좋아하거나 관심 있는 분야에서 책을 직접 골라서 읽고 그 생각을 글로 써서 친구들이나 가족에게 말해 보는 것은 어떨까요? 그러다 보면 어느 순간 여러분의 문해력이 몰라보게 쑥쑥 자라 있을 거예요.

💬 디지털 세상에선 디지털 문해력이 필요해!

물론 우리는 디지털 세상에 살고 있기 때문에 디지털이 발달하기 전처럼 책과 신문으로만 정보를 얻고 있지는 않아요. 컴퓨터나 태블릿, 스마트폰을 통해 온라인에서 무수히 많은 정보를 얻고 있죠. 그렇기 때문에 우리에게는 새로운 문해력이 필요하게 되었어요. 그것이 바로 '디지털 문해력'이에요. 디지털 문해력이라니 '디지털'과 '문해력'이 합쳐진 말인 것 같기는 한데 무슨 말인지 잘 모르겠지요? 이제부터 차근차근 알아봐요.

ABL생명은 2024년 4월, 서울시 초등학교 어린이 회장단 수련회에 참가한 어린이 130명을 대상으로 '초등학생 스마트폰 사용 실태 설문 조사'를 진행했어요. 조사에 따르면 전체 응답자의 79퍼센트가 스마트폰을 가지고 있었고, 스마트폰으로 가장 많이 하는 것은 '채팅'과, 유튜브·틱톡 등 '동영상 시청'으로 나타났어요.

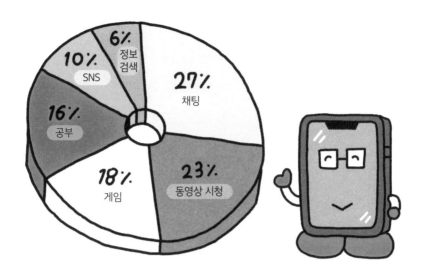

이처럼 많은 어린이가 스마트폰을 가지고 있고, 다양하게 사용하고 있다니 놀랍지 않나요? 그런데 유튜브를 비롯해서 우리가 인터넷에서 찾은 정보는 모두 사실일까요? '좋아하는 유튜버가 한 말은 믿어도 될 것 같은데……' 하고 생각하는 친구는 없나요?

안타깝지만 온라인에 있는 정보 중에는 거짓인 것들도 많아요. 그래서 이것이 사실인지 아닌지 구분할 수 있어야 하지요. 이때 필요한 게 바로 디지털 문해력이에요.

문해력이 글을 읽고 이해할 수 있는 능력이라면, '디지털 문해력'은 디지털 세상 안에 있는 수많은 정보 중 필요한 정보를 찾고, 그 정보를 평가하고 조합하는 능력이에요.

2021년 발표된 경제협력개발기구(OECD)의 국제학업성취도평가

(PISA) 결과를 보면 한국 청소년들은 디지털 문해력이 상당히 부족하다는 것을 알 수 있어요. OECD 국가 중 한국의 만 15세 학생들이 피싱 메일(사기성 전자우편)을 식별하는 능력에서 가장 낮은 수준을 보였기 때문이에요. 또 문장을 읽으며 사실인지 의견인지 구분하는 능력도 낮았다고 해요.

만약 여러분이 유명 이동 통신사의 이름을 사칭한 메일을 받았다고 상상해 보세요. 그런데 메일을 열어 보니 여러분의 개인 정보를 입력하면 스마트폰을 준다는 거예요. 여러분이라면 어떻게 할 것 같은가요? 내 개인 정보를 쉽게 넘기면 안 될 텐데 하면서도 스마트폰을 준다는 달콤한 유혹에 속아 넘어가진 않을까요? 걱정스럽게도 우리나라의 많은 학생이 그 메일에 반응했다고 하네요. 메일을 보낸 곳이 어디인지 살펴보고 메일의 내용을 꼼꼼하게 읽었다면 이런 일이 일어나지 않았을 텐데 말이에요.

우리는 홍수처럼 쏟아지는 정보 속에서 우리에게 필요한 정보를 찾아내고, 찾아낸 정보 중에서 신뢰할 수 있는 정보만을 가려낼 수 있어야 해요. 또 다른 사람과 소통할 수도 있어야 하지요. 그만큼 디지털 문해력은 지금 시대를 살아가는 우리들에게 꼭 필요한 능력이에요.

미디어 세상에서
길을 잃지 않으려면

　성찬이는 숙제를 하기 위해 책들을 펼쳐 놓은 채 머리를 감싸 쥐고 있었어요.

　'아, 숙제 없는 세상에서 살고 싶다.'

　겨우 마음을 다잡고 다시 숙제를 하기 위해 책을 보던 성찬이는 모르는 문제의 답을 찾기 위해 컴퓨터를 켜고 포털 사이트에 접속했어요. 포털 사이트에는 다양한 뉴스 기사들이 가득했어요. 그중 성찬이의 눈길을 확 끄는 제목이 있었죠.

　"세계 최초의 기술로 만들어진 스터디 헬멧, 이것만 있으면 여러분도 천재?"

　'세계 최초', '천재'와 같은 단어에 깜짝 놀란 성찬이는 망설이지 않고 기사를 클릭했어요. 기사에는 흰 가운을 입은 박사들이 멋지게 생긴 헬

멧을 들고 있는 사진도 실려 있었어요. 성찬이는 기사를 다 읽기도 전에 스터디 헬멧만 있으면 천재가 되어 숙제 정도는 가뿐히 할 수 있을 거란 생각에 엄마에게 달려갔어요.

"엄마! 저도 스터디 헬멧 사 주세요!"

"스터디 헬멧?"

성찬이는 엄마의 손을 잡고 컴퓨터 앞으로 이끌었어요.

"이것 좀 보세요. 세계 최초로 발명된 건데 이것만 있으면 천재가 될 수 있대요!"

성찬이의 말에 엄마는 기사 내용을 차근차근 읽기 시작했어요. 그리고는 한숨을 쉬었어요.

"성찬아. 아무래도 이건 뉴스 기사가 아니라 과장 광고인 거 같은데?"

"과장 광고라고요?"

"잘 봐. 기사인 것처럼 보이지만 정확한 근거는 어디에도 없잖아. 어떤 기술인지, 어떤 원리인지 구체적으로 나와 있지 않지? 만약 이런 헬멧이 실제로 존재한다면 세상 모든 사람이 다 천재가 될 수도 있겠는 걸?"

"그렇지만 여기 박사님들 사진도 있는데……."

"하지만 글 이디에도 이들이 박사라는 말은 없잖니. 무엇보다 이건 신문사에서 낸 기사가 아니라 광고라고 여기 쓰여 있어."

그제야 글을 꼼꼼히 읽은 성찬이는 맨 아래쪽에 조그만 글씨로 '광고'

라고 쓰여 있는 것을 발견했어요.

"너무해. 이렇게 뉴스 기사인 것처럼 사람을 속이다니."

"광고를 기사처럼 쓴 것도 잘못이지만 이렇게 증거도 없는 내용을 과장해서 허위로 쓴 것도 문제야. 사람들이 이 광고를 진짜로 믿고 구매해서 피해를 볼 수도 있겠는걸."

엄마가 걱정스럽게 말했어요.

광고에 속은 성찬이는 다른 기사들도 의심이 되기 시작했어요. 그리고 고민에 빠졌죠.

'저것들도 다 광고는 아닐까? 대체 진짜 기사와 허위 광고를 구분하려면 어떻게 해야 하지?'

💬 재미만 있으면 좋은 콘텐츠일까?

여러분도 아마 좋아하는 유튜브 채널이나 크리에이터가 있을 거예요. 그런데 이런 개인 방송에는 어떤 특징이 있을까요?

개인 방송은 1인 혹은 소수의 사람들이 콘텐츠를 만들어 사람들에게 공유하고 보여 줘요. 개인이 직접 방송을 제작, 편집하는 만큼 자신만의 창의성과 개성을 보여 줄 수 있다는 게 매력이지요. 예전에는 전문적인 능력을 가진 사람만 방송 콘텐츠를 만들 수 있었지만, 이제는 누구나 쉽게 방송을 만들 수 있는 시대가 되었어요. 시간에 구애받지도 않고, 내용을 전달하는 방식도 크리에이터가 정할 수 있죠. 음악, 요리, 게임 등 콘텐츠의 내용도 매우 다양해요. 개인 방송의 주제가 다양해지고 인기가 높아지면서 사회적으로도 그 영향력이 점점 커지고 있어요. 여러분도 관심이 있고 궁금한 것들이 생기면 유튜브 같은 개인 방송 콘텐츠를 이용하여 호기심을 해결하는 경우가 있을 거예요. 더욱이 스마트폰을 통해 언제 어디서나 볼 수 있다는 장점도 있고요.

그런데 개인 방송에도 문제점이 있어요. 사람들의 관심을 끌기 위해 너무 선정적이거나 폭력적인 내용의 콘텐츠를 만드는 크리에이터들도 생겨났거든요. 개인 방송의 큰 매력 중 하나가 크리에이터 스스로 자유롭게 콘텐츠를 만드는 것이잖아요. 크리에이터는 사람들에게 유익한 정보뿐만 아니라 재미와 즐거움을 주고 싶어 해요. 그 과정에서 일부 콘텐츠는 사람들에게 더 높은 관심과 인기를 끌기 위해 욕설을 하거나 남을 비방하기도 하고, 위험한 행동을 담기도 했어요. 그렇게 사회적으로 문제를 일으키는 크리에이터들이 생기기 시작했고, 조회수 올리기에만 급급한 콘텐츠들이 무분별하게 늘어났어요. 심지어 다른 사람이 쓴 책이나 만든 콘텐츠 들을 자기가 만든 것처럼 소개하여 저작권을 침범하는 일도 많아졌지요.

그렇기에 재미있고 조회수가 높다고 해서 반드시 좋은 콘텐츠라고 할 수는 없어요. 특히 재미만 좇는 콘텐츠는 세상을 바라보는 가치관을 형성해 가는 여러분들에게 나쁜 영향을 미쳐요. 그래서 부모님이 여러분의 유튜브 시청을 걱정하는 것이지요. 물론 좋은 콘텐츠도 많은 만큼 여러분에게 유익하고 좋은 콘텐츠를 구분할 수 있도록 비판적 시각을 키워야 해요.

💬 자꾸만 나를 따라다니는 광고

우리는 온라인에서 수많은 광고와 마주해요. 지금 당장 아무 포털 사이트에만 들어가도 화면 곳곳을 채운 온라인 광고들을 볼 수 있을 거예요. 또 유튜브에서 동영상을 재생할 때도 광고 화면이 나타나죠.

사람들이 인터넷상에 머무는 시간이 많아지면서 온라인 광고는 기업의 매우 중요한 홍보 수단이 되었어요. 더 많은 사람에게 쉽게 제품이나 서비스를 광고할 수 있으니까요. 요즘에는 심지어 나의 정보를 파악해 나만의 맞춤형 광고를 보여 주기까지 해요. 스마트폰을 사용하다가 나의 관심사가 광고로 나와 깜짝 놀랄 때가 있지 않나요? 소비자들이 어떤 것에 관심이 있는지, 어느 곳에 사는지, 지금까지 어떤 물건을 구매했는지 등의 정보들을 모아서 그 소비자가 좋아할 만한 광고를 보여 주는 것이 바로 맞춤형 광고예요.

문제는 온라인 광고 중에는 사람들의 관심을 끌기 위해 거짓된 내용을 담고 있는 경우도 있다는 거예요. 조회수나 댓글을 조작하여 인기 상품인 것처럼 소개하거나 마치 실제 기사인 것처럼 광고를 하는 경우도 있어요. 성찬이의 이야기처럼, 사실이 아닌 내용을 마치 전문가가 과학적으로 증명한 것처럼 꾸며서 사람들의 관심을 끌기도 해요. 설마 이런 광고에 속는 사람이 어디 있을까 싶은가요? 정말 진짜같이 만들어서 누구나 속을 수 있으니 주의를 기울여야 해요.

직접적으로 제품이나 서비스를 홍보하는 광고도 있지만 '이게 광고가 맞나?' 싶을 정도로 콘텐츠에 녹아들어 있는 광고도 있어요. 예를 들어 크리에이터들이 기업과 협업하여 광고를 만드는 경우인데요, 유명한 크리에이터가 자신이 써 본 경험을 바탕으로 특정 물건의 장점을 소개한다면 그 콘텐츠를 보는 사람들도 관심을 가질 수 밖에 없겠죠? 그리고 좋아하는 크리에이터가 소개하는 물건일수록 그 물건에 대한 믿음을 가지게 될 거예요.

그런데 만약 크리에이터가 특정 기업에게 지원을 받아 써 본 적도 없는 제품을 마치 써 본 것처럼 소개한다면, 과연 그 제품을 온전히 신뢰해도 되는 걸까요?

이러한 문제가 점점 심각해지자, 최근에는 상업적 대가를 받고 이루어지는 콘텐츠일 경우 광고임을 분명히 표시해야 하는 '표시광고법'이 강화되었어요. 예전에는 기업이나 사업체가 대상이었지만, 2020년부터는 인플루언서들도 표시광고법을 위반하면 법적 처벌을 받는답니다.

💬 미디어를 비판적으로 읽는 법

디지털 세상의 수많은 콘텐츠 중 우리에게 유익하고 필요한 것을 잘 구분해서 이용하려면 어떻게 해야 할까요? 그것은 미디어를 비판적으로 읽는 것에서 시작해요. 미디어의 발달로 누구나 정보를 생산할 수 있게 되면서 그 정보가 사실인지 아닌지를 구분하기는 더 어려워졌어요. 인터넷에는 거짓 정보, 가짜 뉴스, 낚시성 광고 등 해로운 정보가 넘쳐 나고 있지요.

미디어를 비판적으로 읽기 위해서는 가장 먼저 내가 보는 콘텐츠를 누가, 어떻게 만들었는지 등을 알아봐야 해요. 이 콘텐츠를 만든 사람이 전문가인지 아닌지 확인해 보는 거죠. 그 분야의 전문가가 알려 주는 정보라면 훨씬 믿을 수 있어요.

미디어를 비판적으로 읽으려면?

또 이 정보가 객관적 사실에 입각하고 있는지도 살펴봐야 해요. 그럴 듯하게 정보를 편집해 사실인 것처럼 전달하는 경우 다른 자료와 비교해 봄으로써 진짜 정보인지 거짓 정보인지 파악할 수 있거든요. 내가 얻은 자료의 정보를 다른 자료와 비교해 봤을 때 같은 내용을 담고 있다면 올바른 정보일 가능성이 더 크겠지요.

그리고 정보를 모은 뒤에는 다양한 시각에서 바라보고 생각해 보면 좋아요. 같은 정보일지라도 사람마다 생각과 지식, 경험의 차이로 해석이 다를 수 있거든요. 그렇기에 나만의 시선에 갇혀 정보를 보는 것이 아니라 다른 사람들은 어떻게 정보를 바라보는지도 알아볼 필요가 있어요. 이처럼 비판적 읽기가 습관이 된다면 미디어 세상에서 길을 잃지 않을 거예요.

우리나라의 디지털 문해력은?

대한민국은 세계 최고 수준의 디지털 강국이에요. 스마트폰 보급률과 인터넷 속도는 전 세계에서도 손에 꼽을 정도랍니다. 우리나라 청소년들은 디지털 기기를 사용하는 능력도 아주 뛰어난 편이죠. 더구나 코로나19 이후 학교마다 비대면 수업을 진행하면서 학생들은 각종 디지털 기기에 더욱 익숙해졌어요.

하지만 아쉽게도 스마트폰이나 태블릿을 다루는 능력에 비해, 디지털에 대해 이해하고 정보를 다루는 디지털 문해력은 매우 낮다고 해요. 즉, 수많은 정보 중에서 내게 필요한 정보를 판별하고 조합하는 능력이 부족하다는 거예요. 정말 아쉽지 않나요?

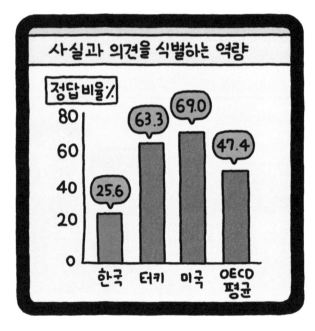

출처: 2021년 5월 3일, OECD가 발표한 보고서
〈21세기 독자: 디지털 세상에서 문해력 개발하기〉

그림 속의 그래프를 보면 알 수 있듯이 우리나라 학생들의 디지털 문해력은 OECD 평균에 비해 한참 낮은 수준이에요.

전문가들은 대한민국의 학교 교육이 디지털 기기의 사용 능력 향상에만 초점이 맞춰져 있기 때문에 학생 스스로 디지털 콘텐츠를 비판적으로 소화하는 능력이 부족하다고 염려를 표하고 있어요. 어릴 때부터 디지털 문해력의 기초 체력을 다질 수 있는 교육을 받아야, 훗날 어른이 되었을 때에도 제대로 된 정보 판단 능력을 갖출 수 있으니까요.

하지만 걱정 마세요. 다음의 방법을 통해 집에서도 디지털 문해력을 키우는 훈련을 할 수 있답니다. 여러분도 하나씩 차근차근 실천해 보세요.

● 디지털 문해력을 키우는 습관

2장

무서운
가짜 뉴스

오늘날 더욱 강해진
언론의 힘

어느 날 선생님이 수업 시간에 학급 신문을 만들어 보자고 했어요.

"학급 신문이요? 그게 뭐예요?"

"우리 반에서 일어난 소식이나 친구들에게 알려 주고 싶은 중요한 정보를 담아 신문을 만들어 보는 거야. 너희가 직접 기자가 되어 보는 거지."

선생님의 설명을 들은 학생들은 들뜨기 시작했어요.

'재밌겠다! 나도 기자가 될 수 있다니.'

'내가 제일 먼저 기사를 쓸 거야.'

'그런데 중요한 정보는 어떻게 알아낼 수 있을까?'

'친구들이 함께 보는 기사라고 생각하니 너무 어려워.'

학생들은 기자가 된다는 생각에 저마다 어떤 기사를 쓸지 생각에 잠겼어요.

그런 학생들을 보며 선생님이 말했어요.

"그럼 내일까지 기사를 하나씩 써 와서 학급 신문을 만들어 보자."

집에 돌아온 형섭이는 한참을 고민하다가 지난주에 있었던 체육대회 때 옆 반과 축구 경기를 했던 일을 기사로 만들어 보기로 했어요.

[체육대회 때 우리 반이 2반을 이기다!]

기사의 제목을 정한 형섭이는 곧이어 내용도 쓰기 시작했어요.

[두근두근한 마음으로 운동장에 나온 우리 반 친구들이 열심히 축구 경기를 하여 2반을 이겼습니다. 땀이 많이 나고 더워서 지치기도 했지만 정말 신나고 행복했습니다.]

다음 날 형섭이의 기사를 본 선생님이 말했어요.

"형섭이가 체육대회 기사를 쓰고 싶었구나. 그런데 형섭아, 신문 기사는 일기와 달라서 지켜야 할 것들이 있어."

"지켜야 할 것이요? 그게 뭐예요?"

"그건 말이지, 사실만을 전달해야 한다는 거야. 두근두근한 마음, 신나고 행복했다는 표현은 주관적인 감정이잖아. 기사에서는 이런 표현을

사용하지 않아. 그리고 '누가, 언제, 어디서, 무엇을, 어떻게, 왜'라는 육하원칙에 맞춰서 써야 한단다."

"그럼 제 기사가 잘못된 건가요?"

"조금만 고치면 아주 멋진 기사를 만들 수 있을 것 같은데? 선생님이 알려 준 대로 다시 한번 기사를 써 볼래?"

형섭이는 자신이 쓴 기사를 골똘히 바라보며 어떻게 하면 잘 수정할 수 있을지 생각하기 시작했어요.

💬 뉴스는 어떻게 만들어질까?

여러분은 학교에서 학급 신문을 만들어 본 적이 있나요? 그때 가장 어려웠던 점은 무엇이었나요? 아마 일기와는 달리 감정을 표현하는 문장을 줄이고 정확한 사실만을 쓰는 것이 힘들었을 거예요.

어린이 여러분에게 신문이나 뉴스는 어려운 말도 많고 왠지 딱딱하게 느껴져서 보기 싫을 수도 있어요. 하지만 이것들은 우리 삶에 많은 도움을 준답니다. 우리가 알아야 할 중요한 정보와 소식을 발 빠르게 전달해 주거든요.

그럼 기자와 같은 언론인들은 어떻게 기사와 뉴스를 만들까요?

기자들은 사람들에게 알릴 가치가 있는 중요한 정보를 정해서 취재해요. 취재하는 내용의 주제는 정치나 경제, 문화, 스포츠, 환경 등 매우 다양해요. 그리고 기자는 자신이 취재한 내용이 사실인지 조사하는 과정을 거친 뒤 육하원칙에 근거하여 기사를 작성해요. 육하원칙은 '누가', '언제', '어디서', '무엇을', '어떻게', '왜'에 대한 답을 하는 것이에요. 이를 위해서는 다양한 방식의 취재를 해야 하죠.

예를 들어 기자는 기사에 대한 정보를 얻기 위해 그 분야의 전문가를 인터뷰해요. 또 사건의 목격자를 찾기도 하고요. 때로는 전문 서적이나 논문을 통해 공식적인 자료를 모아요. 그렇게 객관적이고 정확한 사실들을 취재한 뒤 사람들에게 뉴스로 전하는 거예요. 그리고 기자는 사람들에게 중요한 뉴스를 전달하기 위해 '표현의 자유'를 가져요.

사람들은 뉴스를 통해 자신에게 필요한 정보와 새로운 사건에 대한 소식을 얻어요. 아침에 일어나 오늘의 날씨를 알 수도 있고, 우리나라뿐 아니라 세계의 정치와 경제 상황에 대한 정보를 얻을 수도 있죠. 그리고 그렇게 얻은 정보를 통해 나만의 생각을 만들어 가요. 그 생각을 다른 사람들과 나누며 소통할 수 있다는 점에서 뉴스는 큰 의미를 가져요. 같은 뉴스를 접하더라도 사람마다 해석과 의견이 다를 수 있으니까요. 이를 통해 편협한 사고방식에서 벗어나 세상을 다채롭게 바라볼 수 있어요.

기자와 뉴스의 역할

💬 강력한 뉴스의 전파력

과거에는 방송국이나 신문사에서만 뉴스를 제작해 정해진 시간에만 볼 수 있었어요. 하지만 오늘날은 어떤가요? 언제, 어디서나 인터넷으로 뉴스를 볼 수 있고, 그것을 전달하는 방식도 다양해졌어요. 댓글이나 소셜미디어(유튜브, 인스타그램 등 콘텐츠를 공유하는 디지털 플랫폼)를 통해 나의 의견을 남기는 것도 쉬워졌죠. 사람들은 더 이상 인쇄된 신문이 아닌, 스마트폰으로 뉴스를 보는 경우가 많아졌어요. 인쇄된 신문은 신문이 발행될 때까지 기다려야 하는 데다가 돈을 지불해야 하니까요.

그런데 포털 사이트에는 수많은 언론사의 무료 기사가 끊임없이 올라와요. 한 명이라도 더 많은 사람의 관심을 끌 수 있도록 언론사마다 자극적인 제목을 쓰거나 사실 확인을 하지 않은 채 우선 보도하고 보는 기사가 많아졌어요. 안타깝지만 그런 기사에 먼저 눈길이 가는 것이 사실이에요. 그러다 보니 정확하고 올바르게 작성된 기사보다 그렇지 않은 뉴스를 사실이라고 믿는 경우가 생겼어요.

오늘날 뉴스는 소셜미디어를 통해 쉽고 빠르게 다른 사람들에게 공유가 가능하다는 특징이 있어요. 지금 일어난 일을 실시간으로 알릴 수 있는 시대가 된 거죠. 이것은 중요하고 핵심적인 정보를 언제, 어디서나 얻을 수 있으며 다른 사람들에게 전할 수 있다는 점에서 긍정적인 효과를 가져요.

하지만 만약 내가 본 뉴스가 진짜 뉴스가 아니라면 어떤 결과가 생길까요? 나도 모르게 무심코 공유한 뉴스가 사실이 확인되지 않은 가짜 뉴스라면요? 그럼 어떤 일이 생기게 될까요?

사회가 이런 가짜 뉴스의 확산을 막기 위해 많은 노력을 하고 있지만, 생성되는 모든 뉴스를 점검하기란 어려워요. 그렇기 때문에 우리는 가짜 뉴스가 무엇인지, 가짜 뉴스를 구분하려면 어떻게 해야 하는지 알 필요가 있어요.

세상을 어지럽히는
가짜 뉴스

5학년 1반 교실 뒤편 게시판에는 반에서 일어나는 소식을 알려 주는 학급 신문이 붙어 있어요. 학급 신문에는 이번 주의 날씨 정보부터 오늘의 숙제, 옆 반과의 축구 경기 결과 등 다양한 기사들이 실려 있죠. 학생들은 직접 기자가 되어 취재를 하고 기사를 작성해요.

새로운 학기가 시작된 요즘, 반 친구들의 가장 뜨거운 이슈는 반장 선거예요. 반장 선거에 출마한 후보는 도영, 지혜, 은서예요. 친구들은 3명의 후보 중 과연 누가 반장이 될 것인지에 관심이 집중되어 있죠. 3명의 후보는 자신이 반장이 되면 반을 위해 어떤 일을 할 것인지 공약을 써서 게시판 학급 신문에 붙였어요.

그런데 어느 날 아침, 등교한 친구들이 학급 신문 게시판을 보고는 깜짝 놀랐어요. 전날까지 없던 하나의 기사가 붙어 있었기 때문이에요. 기

사의 제목은 다음과 같았어요.

[반장 후보인 도영, 친구의 키링을 훔치다!]

친구들은 기사를 보고는 웅성거리기 시작했어요.

"도영이가 키링을 훔쳤다고? 그게 정말이야?"

"설마! 도영이가 얼마나 착한 친구인데 그랬을 리 없어."

"그러고 보니 체육 시간에 도영이가 제일 늦게 나온 적이 있는데 그때 훔친 게 아닐까?"

"맞아. 나도 기억나. 어쩐지 그날 도영이 표정이 어색해 보였어."

친구들은 저마다 도영이에 대해 한마디씩 내놓았어요. 곧이어 도영이가 교실에 들어왔어요. 이 상황을 알지 못했던 도영이는 모여 있는 친구들에게 다가가며 물었어요.

"얘들아, 무슨 일이야?"

도영이를 본 친구들은 슬금슬금 자리를 피하기 시작했어요. 그제야 게시판의 기사를 본 도영이의 표정이 얼음처럼 굳었어요.

"대체 누가 이런 기사를 쓴 거야! 나는 그런 적이 없어!"

도영이는 기사를 쓴 사람을 찾아내 누명을 벗고 싶었지만 찾을 방법이 없었어요. 그러는 사이 소문은 걷잡을 수 없이 커졌고, 친구들은 스마트폰 채팅방에서 도영이에 대한 험담을 하기 시작했어요. 이미 커질 대로 커진 소문에 도영이는 결국 반장 선거에서 떨어지고 말았어요.

도영이는 분해서 진실을 끝까지 밝히고 싶었어요.

'그런데 어떻게 하면 가짜 뉴스라는 것을 친구들에게 증명할 수 있을까?'

생각에 빠진 도영이는 우선 가짜 뉴스에 대해 공부하기 시작했어요. 알아야 대처법도 떠오르지 않겠어요?

🗨 도대체 가짜 뉴스가 먼데?

가짜 뉴스는 다양한 미디어를 통해 유포되는 거짓된 정보를 말해요. 마치 사실이나 진실인 것처럼 퍼지는 허위 정보가 바로 가짜 뉴스예요.

인터넷이 발달하지 않았던 시절, 그러니까 신문과 라디오, 텔레비전으로 뉴스를 접하던 시절에는 기자와 같은 언론인들이 어떤 정보를 사람들에게 알려 줄지 신중하게 고민하고 결정했어요. 그런데 디지털 세상이 찾아오면서 아주 큰 변화가 생겼어요. 아주 많은 양의 뉴스가 쏟아지기 시작했고, 언론인만이 아니라 누구나 뉴스를 생산할 수 있는 시대가 된 거예요. 덕분에 시민들은 전 세계 곳곳에서 일어나는 다양한 사실에 대해 알게 되었어요. 언론사에서 편집한 정보만이 아닌 가려진 정보들까지 얻을 수 있게 되었죠.

그런데 문제는 진실이나 사실과는 거리가 먼 가짜 뉴스도 많아졌다는 거예요. 아이돌 경연 프로그램에서 빠지지 않고 문제로 제기되는 '악마의 편집'을 떠올려 보세요. 가짜 뉴스를 만드는 사람들도 자신이 보여주고 싶은 대로 사실을 왜곡하고 편집해서 알려요. 조회수를 올리기 위해 자극적인 내용으로 채우기도 하지요. 그런데 도대체 가짜 뉴스를 만드는 사람들은 누굴까요? 왜 그런 가짜 뉴스를 만드는 걸까요?

가짜 뉴스를 만드는 가장 큰 이유는 '돈' 때문이에요. 사람들이 가짜 뉴스 사이트에 많이 접속할수록 운영자는 그만큼 돈을 벌 수 있거든요. 이들에게 뉴스가 진짜인지 가짜인지는 중요하지 않아요. 오로지 돈을 벌어들이는 것이 중요하죠.

또 가짜 뉴스는 누군가를 공격하거나 속이기 위해 만들어지기도 해요. 예를 들어 선거를 할 때 내가 지지하지 않는 대상을 향해 악의적인 소문이나 거짓된 정보를 퍼뜨리는 것도 가짜 뉴스를 이용한 거예요.

때로는 허위 정보를 진짜인 것처럼 광고하기 위해 가짜 뉴스를 만들어요. 이런 가짜 뉴스는 잘못된 정보임에도 진짜 뉴스의 형태를 띠고 있어 사람들이 믿기 쉬워요. 심지어 신문 기사의 헤드라인에 내용과 무관한 자극적인 문구와 사진을 넣어 사람들이 클릭하도록 만들기도 해요. 막상 열어 보면 과장된 광고이거나 알맹이가 없는 기사여서 사람들이 실망하는 경우가 많죠.

이처럼 우리 주위를 가득 채운 가짜 뉴스로부터 스스로를 지키기 위해서라도 사실과 거짓을 구분할 줄 아는 능력을 갖춰야 해요.

💬 우리의 일상 속 가짜 뉴스들

2020년 전 세계적으로 코로나가 확산되었을 무렵, 카카오톡이나 문자 메시지를 통해 확진자에 대한 정보가 공유됐어요. 편의점, 식당, 카페와 같은 특정 장소를 거론하며 확진자가 방문한 곳이니 주의하라는 경고 메시지였지요. 물론 사실인 경우도 있었지만 확진자와 전혀 상관없는 허위 정보인 경우도 많았어요. 하지만 전염병으로 인해 불안하고 예민했던 사람들은 이를 진짜라고 믿었고, 결국 해당 편의점과 식당, 카페 등은 억울한 누명을 쓰고 폐업을 하기도 했어요. 누군가 장난처럼 퍼뜨린 가짜 뉴스가 실제 피해를 입힌 것이지요. 이처럼 가짜 뉴스는 우리 삶에 아주 가까이 있고 또 큰 위험성을 가지고 있어요.

가장 큰 문제는 지금 보고 있는 뉴스의 출처가 어디인지, 그 뉴스가 사실인지 아닌지를 따져 보지도 않고 사람들이 일단 믿는다는 거예요.

소셜미디어를 이용하는 사람들은 자신도 모르는 사이 자신의 나이, 사는 곳뿐 아니라 어떤 취향을 가지고 있는지 기록돼요. 가짜 뉴스를 만드는 사람들은 이런 개인 정보를 분석해서 그들이 보고 싶어 하고 관심을 가질 만한 내용으로 만들어요. 그래야 가짜 뉴스를 보고도 쉽게 믿을 테니까요.

오늘날 사람들은 딱딱한 신문 기사보다 편한 소셜미디어를 통해 정보를 자유롭게 주고받곤 하죠. 소셜미디어에 올라온 가짜 뉴스는 훨씬 빠

가짜 뉴스의 위험성

른 속도로 사람들 사이에 퍼져 나가요. 여기에는 전파력이 강한 소셜미디어의 특징이 한몫해요. 많은 조회수와 추천을 받은 정보일수록 파급력을 가지는데, 문제는 이러한 파급력을 얻기 위해서 점점 더 자극적인 내용을 담는다는 거예요.

💬 가짜 뉴스가 이렇게 위험하다니!

그런데 사람들은 왜 이런 가짜 뉴스를 믿게 될까요?

가짜 뉴스를 만드는 사람들은 어떻게 하면 관심을 끌 수 있을지 잘 알고 있어요. 사람들이 분노할 만한 이야깃거리나 애정을 느낄 만한 소재를 이용해 사람들의 호기심을 자극해요. 실제 사실이 무엇인지보다 개인적인 감정에 호소하기 때문에 많은 사람들이 즉각적으로 반응하고 가짜 뉴스를 열심히 퍼트리게 돼요.

특히 소셜미디어를 통해 평소 자신의 생각과 비슷한 정보를 얻게 되었을 때 사람들은 사실이라고 믿기가 쉬워요. 이것은 매우 위험한 일이에요. 사람들은 자신이 옳다고 생각하는 것만 믿고 싶어 하는 마음이 있어요. 그런데 그러다 보면 자신의 생각만 옳고 다른 생각은 틀리다고 배척하게 돼요. 생각이 다른 사람과 소통이 어렵게 되죠.

가짜 뉴스를 만드는 사람들은 자극적인 헤드라인과 이미지로 사람들의 관심을 끌어요. 그런 글을 막상 클릭해 보면 교묘하게 과장한 허위 정보이거나 광고성 기사인 경우가 대부분이에요. 어떤 경우에는 증거가 없는 음모론과 유언비어일 때도 있어요. 문제는 이런 가짜 뉴스들은 사람들에게 혼란과 불안을 불러일으켜 빠른 속도로 퍼진다는 거예요.

가짜 뉴스를 만드는 사람들은 이제 한발 더 나아가 딥페이크 기술을 이용하기 시작했어요. 딥페이크는 특정한 인물의 얼굴에 다른 사람의 얼굴을 합성하는 기술이에요. 기술이 발전하면서 무엇이 진짜인지 구분하기 어려울 만큼 진짜 같은 가짜 영상을 만들 수 있게 되었어요. 예를 들어 유명인의 얼굴을 딥페이크 기술로 조작하여 그 사람이 하지 않은 말이나 행동을 마치 진짜 한 것처럼 만들어요. 이처럼 조작된 영상이 소셜미디어를 통해 어마어마한 파급력을 갖게 되면 나중에 딥페이크로 조작된 것임이 밝혀져도 한번 떨어진 신뢰도는 되돌리기 어려울 거예요. 그만큼 매우 위험한 일이랍니다.

💬 멈춰! 가짜 뉴스!

이제 친구들도 가짜 뉴스가 얼마나 위험한지 알았죠? 그런데 하루에도 엄청나게 쏟아져 나오는 뉴스들 사이에서 어떻게 가짜 뉴스를 구분할 수 있을까요? 이제부터 그 방법을 알려 줄게요.

① 뉴스의 출처와 작성자 확인하기

먼저 내가 보는 뉴스의 출처를 확인해야 해요. 모든 기사에는 어떤 매체의 어느 기자가 작성한 것인지 알 수 있도록 표기되어 있어요. 하지만 그 출처를 정확히 확인할 수 없다면 가짜 뉴스일 확률이 높아요.

② 내용을 끝까지 읽기

가짜 뉴스는 기사의 제목과 내용이 다른 경우가 많아요. 그렇기 때문에 기사 제목만 읽지 말고 기사 전체를 읽고 그 내용을 확인해야 해요. 가짜 뉴스는 사람들의 관심을 끌기 위해 자극적인 제목을 붙이는 경우가 많으니 주의하도록 해요.

③ 근거 자료 확인하기

기자는 뉴스를 전달할 때 정확한 정보를 바탕으로 해야 해요. 하지만 가짜 뉴스는 객관적인 근거 자료 없이 사람들의 감정에 호소하는 경우가 많아요. 그래서 뉴스를 볼 때는 믿을 수 있는 정확한 자료를 제공하고 있는지 살펴봐야 해요.

④ 작성 날짜 확인하기

뉴스를 클릭했는데 작성 날짜가 오래되었다면 과연 신뢰해도 되는 걸까요? 오히려 오래전의 뉴스를 그대로 다시 내보내거나 다시 가공한 것은 아닌지 의심해야 할 거예요. 그러니 기사를 볼 때는 작성된 날짜를 확인하는 습관을 가지도록 해요.

⑤ 풍자인지 확인하기

풍자란 사실을 있는 그대로 말하는 것이 아닌, 과장하거나 왜곡해서 우스꽝스럽게 표현하는 것을 말해요. 만약 여러분이 읽는 기사가 너무 이상한 내용을 담고 있다면 그것이 풍자는 아닌지 생각해 봐야 해요.

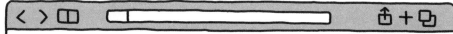

⑥ 선입견 점검하기

사람들은 자신이 믿고 싶어 하는 것을 보고자 하는 마음이 있어요. 그렇기 때문에 나의 생각과 믿음이 뉴스를 볼 때 선입견을 주지는 않는지 늘 주의해야 해요. 내가 아는 것이 전부가 아닐 수 있다는 객관적인 자세로 뉴스를 볼 수 있어야 하죠.

⑦ 전문가의 의견 확인하기

뉴스가 진짜인지 가짜인지 구분이 잘 가지 않는다면 전문가의 의견을 알아보는 것도 중요해요. 전문가들은 뉴스의 내용에 대해 어떻게 생각하고 있는지, 그렇게 생각하는 이유는 무엇인지 알아본다면 가짜 뉴스인지 판단하는 데 도움이 될 거예요.

청소년 체커톤 대회

'팩트 체크(fact-checking)'라는 말 들어 보았나요? 이는 진짜인지 아닌지, 그 사실을 확인한다는 뜻이에요. 거짓 정보가 난무하는 디지털 세상에서 우리가 올바른 정보를 얻기 위해 꼭 해야 하는 것이죠. 그런데 청소년들이 팩트 체크 실력을 겨루는 대회도 있다는 사실, 알고 있나요? 바로 해마다 문화체육관광부와 한국언론진흥재단이 함께 개최하는 '청소년 체커톤 대회'랍니다.

● 체커톤이란?

체커톤은 '체크(check)+마라톤(marathon)'을 합친 말이에요. 다양한 정보와 콘텐츠의 팩트를 체크하면서 그 과정을 보고서로 작성하는 대회예요. 마치 탐정처럼 정보를

꼼꼼히 살펴보고 거짓말을 찾아낸답니다. 2019년부터 진행되고 있으며 그동안 환경(지구), 혐오와 차별, 가짜 뉴스, 우리 동네 속 허위 정보, 경제 등 사회 현상과 밀접한 내용을 대회 주제로 정해 청소년이 다양한 시각과 사고력을 키울 수 있도록 돕고 있어요.

⬤ 누가 참가할 수 있을까?

초등학교 고학년부터 중학생·고등학생·대학생까지, 청소년이라면 누구나 팀을 이루어 참가할 수 있어요. 어떠한 정보가 진짜인지 아니면 거짓인지 팀원들과 힘을 합쳐서 분석해 보고, 우리가 발견한 것들을 발표하는 거예요. 좋은 성적을 거두면 상도 받을 수 있으니 관심 있는 친구들은 신청 기간에 꼭 참가해 보세요.

이러한 대회를 통해서 홍수처럼 쏟아지는 가짜 뉴스들을 잘 구분하는 방법을 배워 보아요. 그리고 나 또한 가짜 뉴스를 공유하거나 재생산해 내지 않도록 늘 조심하는 것도 잊지 말아요.

3장

아찔한
스마트폰 범죄

사이버 범죄를
막아라

요즘 서진이는 스마트폰 게임에 푹 빠져 있어요. 게임 속 캐릭터와 모험을 떠나 적을 물리치는 재미에 하루 종일 게임 생각이 머릿속에 가득했죠. 하지만 게임을 할수록 고민이 생겼어요. 어느 순간부터 게임 캐릭터가 성장을 멈췄고 더 강한 적들과 싸우면 매번 지고 말았거든요.

'더 좋은 아이템만 살 수 있다면 문제없을 텐데.'

하지만 서진이 엄마가 아이템 구매를 허락하지 않으셔서 아쉬워할 수밖에 없었죠.

그러던 어느 날 서진이에게 문자 메시지가 왔어요.

"특별한 기회! 이 주소를 클릭하면 게임 아이템을 드립니다!"

메시지 아래에는 알 수 없는 인터넷 링크가 있었어요. 그걸 본 서진이의 눈이 반짝였어요.

'클릭만 하면 게임 아이템을 받을 수 있다고?'

호기심이 생긴 서진이는 링크를 클릭하려고 손가락을 스마트폰 화면에 가져갔어요. 그 순간 서진이의 머릿속에 몇 가지 질문이 떠올랐어요.

'누가 이런 메시지를 보낸 걸까?'

'내 번호는 어떻게 알았지?'

하지만 궁금증도 잠시, 게임 속 자신의 캐릭터가 새로운 아이템을 얻어 강해지는 걸 상상하자 손가락을 멈출 수가 없었어요.

'그래! 이런 기회가 흔한 것도 아니잖아. 클릭해 보자!'

결국 서진이는 메시지의 링크를 클릭했어요. 그러자 새로운 창이 열렸어요. 그곳에 이름과 나이, 게임 아이디와 비밀번호를 입력하라는 메시지가 떴어요. 이미 게임 아이템의 유혹에 빠진 서진이는 망설임 없이 자신의 개인 정보를 입력했어요.

잠시 후, 다시 스마트폰 게임에 접속한 서진이는 깜짝 놀랐어요. 새로운 아이템이 생기기는커녕 자신의 아이디로 수십만 원에 달하는 게임 머니가 결제되어 있는 거예요!

'이게 뭐야? 내가 언제 게임 머니를 결제했지?'

서진이는 조금 전에 받은 문자 메시지가 떠올랐어요.

'헉! 혹시 메시지가 사기였나? 이제 어떻게 하면 좋지……'

💬 피싱 사기를 조심해!

스마트폰 시대를 살고 있는 우리들은 무엇보다 스마트폰 범죄를 조심해야 해요. 일상적으로 사용하는 스마트폰 안에는 우리의 생각보다 훨씬 더 많은 나의 정보가 담겨 있어요. 사진, 동영상뿐 아니라 내 일정, 가족과 지인들 연락처까지 기록돼 있어요. 그렇기에 이 정보들을 미끼 삼아 접근하는 사람들을 경계할 줄 알아야 해요. 특히 문제가 되는 스마트폰 범죄에는 피싱, 스미싱이 있어요.

'피싱(phishing)'은 '낚시(fishing)'에서 유래된 단어로, 낚시를 할 때 미끼로 물고기를 속여 잡는 것처럼 전화, 문자, 메신저, 가짜 사이트 등을 이용하여 피해자의 개인 정보를 알아낸 후 금품을 뺏는 사기 수법을 말해요. 그중에서도 보이스 피싱은 수사 기관에서 전화를 한 것처럼 꾸며서 가족에게 문제가 생기거나 사고가 났다고 거짓말을 하여 금품을 갈취하는 사기 수법이에요. 그리고 메신저 피싱은 SNS, 모바일 메신저 등의 친구 추가 기능을 통해 친구인 것처럼 접근하여 돈을 뺏는 사기 수법이지요. 피싱 사이트도 조심해야 하는데, 피싱 사이트는 진짜 홈페이지와 비슷하게 만든 가짜 홈페이지로, 접속한 사람들이 개인 정보를 입력하도록 유도해요.

이런 피싱 사기를 피하는 방법에는 무엇이 있을까요?

○ 피싱 사기를 예방하는 방법

1	**2**	**3**	**4**
낯선 사람에게 개인 정보 말하지 않기	메신저 서비스의 비밀번호를 자주 변경하기	공용 PC에서 메신저를 사용한 후에는 반드시 로그아웃하기	출처가 의심되는 사이트 URL, 단축 URL은 클릭하지 않기

피싱 사기를 피하는 방법, 이제 잘 알았나요? 요즘에는 피싱과 유사한 스미싱(smishing)도 기승이에요. 스미싱은 문자 메시지(SMS)와 피싱(phising)의 합성어로 악성 앱 주소가 포함된 문자를 전송하여 이용자가 악성 앱을 설치하도록 유도해서 개인 정보나 금융 정보를 빼 가는 사기 수법이에요. 그럼 스미싱 피해를 예방하려면 어떻게 해야 할까요? 다음의 몇 가지를 기억하세요.

○ 스미싱 사기를 예방하는 방법

1	**2**	**3**
출처가 확실하지 않은 인터넷 주소는 클릭하지 않기	스마트폰의 보안 설정 강화하기	스마트폰에서 소액 결제가 되지 않도록 차단하기

💬 스마트폰 속 따돌림

스마트폰만 있으면 언제든 누구와도 소통할 수 있다는 장점이 있지만, 최근에는 스마트폰 채팅방을 이용해 특정한 사람을 괴롭히는 일들이 발생하고 있어요. 대체 무슨 일이 벌어지고 있는 걸까요?

가장 대표적인 예가 '카톡 감옥'이에요. 많은 사람이 있는 대화방에 특정 친구를 초대해 놀리고 비방하고는 그 친구가 대화방을 나가지 못하도록 계속해서 초대하며 괴롭히는 행위죠. 또 단체 대화방에서 한 사람을 공격하는 '떼카', 특정인을 초대한 후 모두 채팅방을 나가는 '방폭' 등이 청소년들 사이에서 일어나고 있어요. 채팅방을 이용해 특정 친구에 대한 험담과 거짓 소문을 퍼트리거나 친구가 원치 않는 글이나 사진을 지속적으로 보내는 경우도 있지요.

이처럼 온라인상에서 벌어지는 괴롭힘과 따돌림을 사이버 불링(cyber bullying)이라고 해요. 코로나19 이후 사람과의 비대면 접촉이 활성화되면서 이러한 사이버 불링 피해도 늘어났어요.

사이버 불링은 소리 없는 총과 같아요. 더욱이 온라인에서 은밀하게 벌어지기 때문에 괴롭힘을 어른들이 쉽게 알 수 없어요. 벗어나고 싶어도 쉽지 않아요. 일부 사람들은 문제의 심각성을 알지 못하고 대수롭지 않게 여기죠. 하지만 사이버 폭력을 당한 피해자들은 큰 고통에 씻을 수 없는 마음의 병을 얻어요.

온라인 폭력, 사이버 불링

💬 모르는 사람과는 대화하지 않기

스마트폰은 새로운 사람과 만나는 통로가 되어 주지만, 그만큼 어린이 여러분은 조심해야 해요. 특히 모르는 사람과의 채팅은 위험할 수 있어요. 익명으로 대화가 가능한 '랜덤채팅 앱'은 취미, 특기와 같은 관심 주제를 가지고 자유롭게 대화를 나눌 수 있어 매력적이지만, 어린이와 청소년을 대상으로 범죄가 벌어지기도 해 문제가 되었어요. 앱을 통해 미성년자에게 쉽게 접근할 수 있는 점을 노려 나쁜 의도를 가진 사람들이 범죄에 이용한 거예요. 결국 2020년 9월 10일 여성가족부는 랜덤채팅 앱을 청소년 유해 매체로 지정하고 회원 가입을 할 때 성인 인증을 하도록 하여 청소년이 이용할 수 없도록 했어요.

하지만 위험한 상황이 끝난 것이 아니에요. 연령 제한 없이 익명으로 대화가 가능한 오픈채팅방도 조심해야 하는 것은 마찬가지거든요. 오픈채팅을 이용하면 특정 키워드로 채팅방을 개설하고 접속할 수 있어요. 이 점을 청소년 범죄의 창구로 악용하는 경우가 종종 발생하고 있어요. 오픈채팅에도 저장하기, 신고하기 등의 기능은 존재하지만 이것은 이미 범죄가 발생한 후에 피해자가 피해 사실을 밝히기 위한 방법일 뿐, 사전에 범죄를 막기에는 어려움이 있어요.

오픈채팅을 통해 누군가 어린이 여러분에게 접근한다면 우선 의심을 해 봐야 해요. 특히 사진이나 이름, 나이, 학교 등 개인 정보를 요구하는 경우에는 절대 알려 주면 안 돼요. 문화상품권이나 게임 아이템을 주겠다고 접근하는 사람도 꼭 경계해야 해요. 그리고 만약 그런 일이 발생한다면 부모님께 사실을 알리고 대화 내용을 저장하여 신고를 해야 해요.

이처럼 스마트폰을 올바로 사용하기 위해서는 스마트폰을 통해 발생할 수 있는 범죄에는 어떤 것이 있는지, 그리고 그 범죄를 막기 위해 내가 할 수 있는 방법에는 무엇이 있는지도 공부하는 노력이 필요하죠.

생각보다 디지털 세상에 옳지 못한 행동을 하는 사람과 나쁜 정보로 피해를 주는 사람이 많다고 하니 겁이 나는 친구도 있을 거예요. 하지만 우리는 디지털 문해력을 배우고 있으니 너무 걱정하지 않아도 괜찮아요. 나에게 유익한 정보들, 반대로 사람을 해치는 정보들을 구분하는 눈을 함께 잘 키워 봐요.

스마트폰 뒤에 숨은
악플러들

　장래희망이 유튜브 크리에이터인 영준이는 유튜브 채널을 만들고 싶어 아빠에게 도와 달라고 했어요.

　"아빠, 저 유튜브 채널 좀 만들어 주세요."

　"그래? 영준이는 어떤 영상을 만들고 싶은데?"

　"장난감을 가지고 놀거나 간식 만드는 영상을 만들어 올리면 친구들이 좋아할 것 같아요."

　영준이는 아빠의 도움으로 유튜브 채널을 개설했어요. 그리고 신나게 영상을 만들기 시작했어요. 먼저 제일 아끼는 장난감을 소개하는 영상을 만들어 올렸죠. 시간이 지날수록 조회수가 점점 올라가면서 댓글이 달리기 시작했어요.

　'우와~ 너무 재미있어요. 다른 영상도 또 만들어 주세요.'

'영준 님은 이야기를 정말 재밌게 잘하네요. 부러워요.'

'구독하고 갑니다. 앞으로 기대할게요!'

　사람들의 관심을 얻기 시작하자 신이 난 영준이는 계속해서 다음 영상을 만들었어요. 이번에는 엄마와 함께 떡볶이를 만드는 모습을 촬영했어요. 요리를 하며 실수를 하기도 했지만 촬영을 마친 영준이는 뿌듯한 마음에 서둘러 영상을 올렸어요. 순식간에 지난번보다 더 많은 댓글이 달리며 반응이 뜨거웠어요.

'저도 영준 님처럼 떡볶이를 제일 좋아해요.'

'너무 맛있겠다. 저도 만들어 볼래요.'

　그런데 한창 즐겁게 댓글을 읽던 영준이의 눈에 이상한 댓글들이 보였어요. 이윽고 영준이의 표정이 얼음처럼 굳었죠.

'웩. 정말 요리 솜씨 없네. 저걸 누가 먹어?'

'이런 영상 만들면 사람들이 좋아할 거 같아?'

깜짝 놀란 영준이의 눈에 눈물이 맺혔어요. 생각지 못한 부정적인 반응에 여러 가지 생각이 머리를 스쳐 지나갔죠.

'내가 만든 콘텐츠가 정말 이상한가? 대체 누가 이런 악플을 쓴 거지? 혹시 우리 반 친구들이 나 몰래 악플을 달고 뒤에서 욕하는 건 아닐까?'

한참을 엉엉 울던 영준이는 그날 밤 악몽까지 꾸었답니다. 꿈속에서 많은 사람이 영준이의 콘텐츠에 악플을 달며 낄낄거리며 비웃었어요.

잠에서 깬 영준이는 결국 자신의 영상을 삭제하기로 했어요. 영상 제작에 재미를 느꼈던 영준이지만 다시는 영상을 만들지 않기로 다짐했죠.

💬 가면 속의 두 얼굴

여러분은 '악플'이 무엇인지 아나요? 악플은 '악성 댓글'의 줄임말로 의도적으로 남을 비방하고 욕하는 댓글을 뜻하는 말이에요. 댓글은 자신의 의견을 알리고 다른 사람의 생각도 알 수 있다는 점에서 큰 장점을 가지고 있어요. 기발하고 재치 있는 댓글을 보면 유쾌하기도 하지요. 하지만 개중에는 다른 사람을 악의적으로 괴롭히는 댓글들이 있어 문제가 되고 있어요.

여러분은 평소 악플을 보면 어떤 생각이 드나요? 아마 깜짝 놀라거나 눈살이 찌푸려졌을 거예요. 내게 한 욕이 아님에도 기분이 나빠지진 않았나요? 악플은 당하는 사람과 보는 사람 모두에게 상처를 주고 기분을 상하게 해요. 남에게 상처를 주는 악플은 엄연히 범죄 행위예요. 실제 유명인에게 악플은 단 사람들이 집단 고소를 당해 처벌을 받기도 했어요.

그럼에도 악플은 왜 사라지지 않는 것일까요? 바로 익명성 때문이에요. '익명'이란 자신의 이름을 숨긴다는 뜻이에요. 온라인상에서는 내가 누구인지 정확히 밝히지 않고 아이디나 닉네임 같은 익명으로 글을 쓸 수 있는 경우가 있어요. 그때 사람들은 자신을 숨기고 새로운 나의 모습을 만들어 내기도 해요. 마치 가면을 쓴 것처럼요. 디지털 세상에서 벌어지는 사이버 폭력들은 이렇게 익명으로 이루어지는 경우가 많아요. 다른 사람에게 내가 누구인지 감출 수 있다는 특징을 악용하는 거죠. 인터넷 게시판에 글을 쓰거나 뉴스 기사에 댓글을 달 때 혹은 다른 사람들과 대화를 나눌 때도 익명이라는 가면 속에 숨어요. 나이가 몇 살인지, 성별이 무엇인지, 하는 일은 무엇인지 거짓말로 꾸며 내요. 그렇게 나를 숨긴 채 상대방을 공격하고, 거짓된 소문을 만들어 내기도 하죠.

악플을 남겨도 내가 누구인지 드러나지 않으니 들킬 염려도 없고, 남에게 상처를 줬다는 죄책감이 크게 느껴지지 않아요. 그래서 다른 사람 욕을 하거나 험담하는 데 거침이 없어요. 악플을 남기는 사람들을 추적해 보면 의외로 너무나 평범한 사람이거나 어린 학생이라서 놀라는 일이 많다고 해요.

이렇게 악플이 많아지면서 사회적 문제도 커지고 있는데요, 특히 언론에 노출이 많은 연예인이나 스포츠 선수들이 악플의 표적이 되곤 해요. 근거 없는 비방과 폭언 등으로 극도의 괴로움을 느낀 나머지 극단적 선택을 하는 연예인도 생겼지요. 결국 많은 포털 사이트에서는 연예, 스포츠 뉴스에서 더 이상 댓글을 달 수 없도록 조치했어요. 더 이상의 피해자가 생기지 않도록요. 그만큼 연예인과 스포츠 선수들에 대한 악플이 심했다는 걸 알 수 있어요. 악플은 어떠한 경우에도 정당화될 수 없어요. 댓글 기능은 건전한 소통을 하기 위해서이지 남을 험담하고 괴롭히기 위해 존재하는 것이 아니니까요.

💬 사람들은 왜 악플을 쓸까?

악플은 꼭 연예인이나 스포츠 선수 같은 유명인에게만 일어나는 일이 아니에요. 흔히 인플루언서라고 불리는 SNS 유명인이나 유튜버, 심지어 평범한 사람들도 악플의 대상이 되어요. 이야기 속 영준이처럼 어느 어린이 유튜버는 늘어나는 악플 때문에 자신의 채널을 삭제하기도 했지요. 친구들이 좋아하는 장난감을 가지고 놀거나, 맛있는 간식을 먹는 영상에도 악플이 달리는 것을 보고 깊은 상처를 받았다고 해요.

문제는 악플을 쓰면서도 그것이 큰 문제라고 생각하지 않는 사람이 많다는 거예요. 악플을 받는 상대방의 모습을 한번쯤 떠올려 본다면 혹은 자신이 악플을 받았다고 생각해 본다면 그러지 못할 텐데 말이에요.

그럼 악플을 쓰는 사람들은 무엇 때문에 그런 행동을 할까요? 그런 사람들의 마음속에는 '나'를 숨기거나 반대로 과시하고 싶은 마음이 공존해요. 단순히 관심을 끌기 위해 혹은 이러한 댓글을 읽으며 괴로워할 당사자를 떠올리며 재미있어 하는 사람도 있어요. 자신이 느끼는 분노의 감정을 타인에게 마음껏 표출해도 된다고 생각하기도 해요. 그러면서 마치 자신이 대단한 사람이 된 것처럼 느끼곤 하죠.

하지만 우리는 디지털 세상에서도 나의 행동에 책임이 따른다는 것을 기억해야 해요. 나의 분노를 타인에게 악플을 달며 해소하려고 해서는 안 돼요. 오히려 악플에 무감각해져서 계속해서 사이버 폭력을 일삼게 되기 쉬워요.

악플을 쓰면 쓸수록 점점 현실에 적응하지 못하는 것도 문제예요. 현실 속 내 모습과의 괴리로 인격적으로 성숙해지지도 못하고요. 우리는 댓글을 쓸 때 나의 생각 없는 행동이 누군가에게는 씻을 수 없는 상처를 남길 수 있다는 것을 기억해야 해요.

올바른 댓글 문화

💬 **출동! 선플 특공대**

연예 뉴스나 스포츠 뉴스의 댓글은 사라졌지만 여전히 활발하게 댓글로 소통할 수 있는 곳이 정치, 사회 분야의 뉴스 사이트예요. 특히 의견이 분분한 사회적 이슈를 다룬 기사에는 자신과 생각이 다른 상대를 공격하고 무시하는 댓글이 이어지며 싸움이 벌어지곤 했어요. 이것은 건전한 소통 문화가 이뤄져야 할 곳에서 본질을 해치는 행위예요.

결국 포털 사이트에서는 '댓글 이력제'라고 하여 댓글을 단 사람의 닉네임 전부를 공개하고 그 사람이 그동안 어떤 댓글들을 썼는지 알아볼 수 있도록 했어요. 악플 신고 기능을 제공해 이용자인 우리 스스로 올바

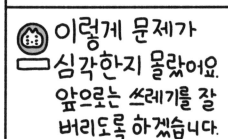

른 댓글 문화를 만들어 갈 수 있도록 돕고 있지요.

그렇다면 올바른 댓글 문화를 위해서 우리는 어떤 노력을 할 수 있을까요? 한 가지 예로 우리가 먼저 '선플'을 써 보면 어떨까요? 아름다운 인터넷 문화를 만들어 가기 위해 우리가 먼저 바른 댓글을 달아 보는 거예요. 서로를 칭찬하고 격려하며, 친절을 베풀어 준 사람에게는 감사 표현을, 슬픔을 겪은 사람에게는 위로를 해 주는 거죠. 또 악플을 발견했을 때는 그것이 잘못된 행동이며 우리 모두 기본 매너를 지키자고 한마음이 되어 이야기해 주는 것도 좋은 방법일 듯해요. 그렇게 함께 선플을 쓰다 보면 악성 댓글을 쓴 사람들도 자신을 돌아보며 반성하게 될 거예요.

댓글창의 본질은 시민이 자유롭게 참여하는 토론장의 역할을 하는 것이에요. 나의 의견을 다른 사람들에게 알리고 나 또한 다른 사람들은 어떤 생각을 갖고 있는지 살피는 소통의 공간인 거죠. 다양한 의견을 서로 공유하며 사회적 문제에 대한 해결 방안을 함께 고민해 볼 수도 있고요.

하지만 여기서도 조심해야 할 점이 있어요. 몇몇 사람이 쓴 댓글 의견이 마치 대부분의 의견인 것처럼 일반화될 수 있거든요. 소수의 의견이 다수의 의견인 것처럼 왜곡되다 보면 나도 모르게 휩쓸릴 수 있어요. 이를 방지하기 위해선 다른 사람의 의견에 대해 열린 자세를 가지면서도 다수의 사람이 믿는 생각이 꼭 정답은 아니라는 것을 항상 염두에 둬야 해요. 이것이 바로 디지털 문해력이 필요한 또 다른 이유예요. 다른 사람의 생각을 존중하면서도 근거는 명확한지, 의견의 타당성을 검증해 보는 자세를 가져야 해요. 그래야 객관적이고 올바른 정보를 바탕으로 내 생각과 의견을 구체적으로 발전시켜 나갈 수 있어요.

지금까지 악플의 문제점에 대해 살펴봤어요. 내가 누구인지 드러나지 않는다고 해서 말을 함부로 하거나 상대를 무시하는 등의 행동을 해서는 절대 안 된다는 거, 이제는 잘 알겠죠?

누가 내 사진을
함부로 가져갔다고?

어느 날 오전, 민우가 수업을 듣고 있었어요. 어려운 영어 수업이라 그런지 민우는 졸음이 와서 하품을 하고 말았어요. 선생님이 민우를 불렀어요.

"민우야. 졸려도 조금만 참고 수업에 집중해 볼까?"

부끄러워진 민우는 정신을 차리고 다시 열심히 수업을 듣기 시작했어요. 그런데 한창 설명하던 선생님이 갑자기 입을 벌리더니 재채기를 하는 거예요. 선생님의 재채기하는 모습에 민우는 웃음이 났어요.

수업이 끝나고 곧 민우의 핸드폰이 울렸어요. 알림을 확인하자 단체 채팅방에 친구들의 메시지가 올라와 있는 것이 보였어요. 내용을 보니 누군가 입을 크게 벌리고 재채기하는 선생님의 모습을 스마트폰으로 몰래 찍어 채팅방에 올린 거예요. 채팅방에는 다른 친구들의 메시지도 있

었어요.

'진짜 웃기다. ㅋㅋ'

'선생님 얼굴에 수염도 그리자!'

'다음에 나도 찍어야지.'

선생님을 놀리는 친구들의 메시지에 민우는 조금씩 걱정이 되기 시작했어요.

'혹시 아까 내가 하품하는 모습도 누가 찍었으면 어쩌지?'

민우는 더 이상 친구들처럼 웃을 수 없었어요. 선생님을 놀린 것을 들키면 어쩌나 걱정도 되었고요.

'선생님이 이 사실을 아시면 어쩌지? 우리 모두 혼나지 않을까?'

민우는 친구들에게 더 이상 선생님의 사진을 올리지 말자고 말하려 했어요. 하지만 친구들에게 겁쟁이라고 놀림받을까 봐 걱정도 되었어요.

'이건 잘못된 행동 같은데……. 나는 어떻게 하면 좋을까?'

💬 어린이에게도 초상권이 있다고?

만약 누군가 여러분을 몰래 찍어서 그 사진이 나도 모르는 사이에 다른 사람들에게 전달되고 웃음거리가 된다면 기분이 어떨 것 같나요? 몹시 당황스럽고 기분이 나쁘겠죠? 이때는 나의 권리가 침해된 거예요. 권리는 법적으로 우리가 행사할 수 있도록 보장된 힘이나 자격을 뜻해요. 내 사진이 나의 동의 없이 유포되었을 때는 바로 '초상권'이라는 권리가 지켜지지 않은 거예요.

초상권이란 정확히 어떤 권리일까요? 초상권이란 특정한 사람의 얼굴이나 신체적 특징이 함부로 촬영당하거나 이용당하지 않을 권리를 말해요. 상업적인 이용뿐만 아니라 인격적으로도 훼손되거나 악용되지 않을 권리이죠. 초상권은 우리 모두가 보호받아야 하는 권리예요.

실제로 코로나19 이후 늘어난 비대면 수업 중에 학생들에게 사진을 캡처당해 피해를 받은 선생님이 많다고 해요. 심지어 비대면 수업을 하던 선생님의 모습을 몰래 캡처해서 중고 거래 사이트에 올리는 일이 발생했는데요, 선생님의 이름과 얼굴까지 공개되어 큰 문제가 되었어요.

초상권 침해는 어떤 문제를 일으킬까요? 타인의 허락 없이 찍은 사진을 온라인에 올리면 순식간에 퍼져 나가요. 자신이 원치 않는 사진이 돌아다니게 되니 피해자는 괴로울 수밖에 없어요. 더욱이 한번 업로드된 사진을 완벽히 없애는 것도 쉽지 않아요. 누군가가 자기 스마트폰에 저장해 둔 사진까지 지우지는 못하니까요. 그렇기 때문에 선생님이나 친구의 사진을 단체 채팅방에 올리는 행동은 결코 가벼운 범죄가 아니에요. 그것을 별일 아니라고 생각한다면 큰 오해예요. 우리는 서로의 초상권을 지켜 주기 위해 노력해야 해요.

혹시 여러분은 셰어런팅(sharenting)이 무엇인지 알고 있나요? 셰어런팅은 부모님이 자녀의 사진이나 정보를 SNS 등에 공유하는 것을 의미해

셰어런팅을 조심해!

요. 요즘은 SNS를 이용하는 부모님이 많아지면서 셰어런팅이 빈번하게 일어나고 있어요.

세이브더칠드런은 2021년 봄호 소식지에서 만 0세~11세 자녀를 둔 부모 1천 명을 대상으로 셰어런팅에 관한 인식과 경험을 조사하고 그 결과를 공개했어요. 대부분의 부모님이 자녀의 정보를 SNS에 올린다고 답했어요. '일주일에 1회 이상'이 42.7퍼센트로 가장 많았고, '거의 올리지 않음'은 16퍼센트에 불과했어요. 부모님이 아이들의 사진을 올리는 이유는 아이의 성장을 기록하고 싶은 마음과 아이의 귀여운 모습을 자랑하고 싶은 마음이 컸다고 해요.

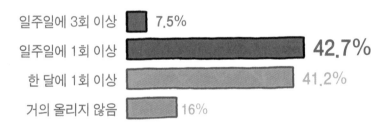

⬤ 자녀의 사진, 영상, 글을 SNS에 올리는 횟수

일주일에 3회 이상	7.5%
일주일에 1회 이상	**42.7%**
한 달에 1회 이상	41.2%
거의 올리지 않음	16%

그러나 이런 셰어런팅도 문제가 될 수 있다는 것을 알아야 해요. 모르는 사람이 아이의 사진을 복사해서 나쁘게 이용할 수도 있고, 때로는 개인 정보도 유출될 수 있어요. 또 아이가 커서 과거에 올라온 사진 때문에 놀림을 받는 등 피해를 입을 수도 있어요. 만약 부모님께서 여러분의

사진을 SNS에 올리려고 한다면 조금 더 신중하게 생각할 수 있도록 셰어런팅의 문제에 대해 말씀드려 보세요. 그리고 이름과 나이, 학교 같은 중요한 개인 정보를 보호해 달라고 요청해 보세요. 그리고 다음의 셰어런팅 가이드를 보여 드리며 함께 고민하는 시간을 가져 보세요.

◉올바른 셰어런팅 가이드◉

① 아이의 미래에 대해 한번 더 신중하게 생각하세요.

② 아이에게 충분히 설명하고 싫다고 말할 기회를 주세요.

③ SNS 기업이 개인 정보를 어떻게 이용하는지 확인하세요.
   (게시물 공개 범위를 설정할 수 있지만 보안이 완벽하지 않다는 점을 기억하세요.)

④ 아이의 개인 정보가 새고 있지 않은지 주기적으로 확인하세요.

⑤ 아이의 이름이 드러나지 않게 해 주세요.

⑥ 온라인 성범죄의 위험으로부터 아이를 보호해 주세요.
   (목욕 사진, 수영복 사진, 속옷 차림의 사진 등은 범죄자들의 표적이 될 수 있으니
   각별히 유의하세요.)

⑦ 아이가 자주 가는 곳이 드러나지 않도록 조심하세요.

⑧ 올린 게시물은 주기적으로 삭제하세요.

(출처: 세이브더칠드런)

💬 저작권, 알고 보면 어렵지 않아!

초상권과 더불어 디지털 세상에서 중요한 법이 하나 더 있어요. 바로 '저작권'입니다. 저작권이란 개인의 생각이나 감정을 표현한 창작물을 다른 사람이 함부로 사용할 수 없도록 지켜 주는 권리예요. 쉽게 설명해 음악이나 게임, 영화 등을 불법으로 이용해서는 안 된다는 거예요. 숙제를 할 때 인터넷에 올라온 다른 사람의 글을 그대로 베끼거나 다른 사람의 SNS에 업로드된 그림이나 사진을 내 SNS에 올리는 것도 저작권 침해에 해당되지요.

그렇다면 어떤 저작물이 저작권의 보호를 받을까요? 대표적으로는 다음과 같은 것이 있어요.

① 소설이나 시, 신문 기사 등 글로 표현된 창작물

② 음악 창작물

③ 연극, 뮤지컬, 코미디쇼 같은 공연 창작물

④ 그림, 공예 등의 미술 창작물

⑤ 사진과 영화, 드라마 등의 영상 창작물

⑥ 컴퓨터 프로그램, 모바일 앱 같은 프로그램 창작물

이렇게 다양한 창작물이 저작권법에 의해 보호받고 있어요. 그런데 한 가지 알아 두어야 할 것은 유명한 사람들의 창작물만 저작권을 갖는 게 아니라는 사실이에요. 내가 쓴 일기나 독후감, 그림 같은 것들도 저작권법에 의해 보호받아요. 다른 사람도 내 창작물을 함부로 가져다 쓸 수 없는 거죠.

그럼 저작권은 왜 중요할까요? 만약 다른 사람의 창작물을 마음대로 가져다 써도 된다면 굳이 새로운 창작물을 만들려는 노력을 할 필요가 있을까요? 서로가 서로의 작품을 아무렇게나 사용하게 되면 우리는 새로운 작품을 만날 기회가 줄어들 거예요. 그럼 어느 분야든 발전이 어렵겠죠. 창작물이 보호받을 수 있어야 더욱 다양하고 새로운 창작물들이 나올 수 있어요.

타인의 것을 존중하고 잘 지키는 것도 디지털 시민의 중요한 역할 중 하나랍니다.

슬기로운
스마트폰 생활

초등학교 6학년이 된 시은이에게는 새로운 보물이 생겼어요. 바로 생일 선물로 받은 스마트폰이에요. 새로 생긴 스마트폰 속 세상은 즐길 거리가 너무 많았어요. 친구들과 메시지를 주고받으며 대화를 나누기도 하고, 유튜브로 신나게 키즈 콘텐츠를 보거나 온라인 게임도 할 수 있거든요.

그런데 스마트폰을 붙잡기만 하면 시간 가는 줄 모르는 시은이를 보며 엄마, 아빠는 걱정이 되었어요. 어느 날, 학교에서 돌아오자마자 스마트폰을 붙잡고 있는 시은이를 보며 아빠가 물었어요.

"시은아, 숙제는 다 했니?"

"이것만 보고 할게요."

시은이는 여전히 스마트폰 화면에서 눈을 떼지 못하고 건성으로 대답했어요. 시은이의 스마트폰 사랑은 식사 시간에도 이어졌죠.

"밥 먹을 땐 스마트폰을 내려놓아야지."

"안 돼요. 지금 제 캐릭터가 전투 중이란 말이에요."

걱정이 커진 엄마, 아빠는 스마트폰 사용 규칙을 만들었어요. 정해진 시간에만 스마트폰을 사용하기, 밥 먹고 공부하는 시간에는 스마트폰을 만지지 않기, 잠자리에 들 때는 스마트폰을 보관함에 넣기 같은 것들이었죠. 규칙을 지키지 않으면 더 이상 스마트폰을 사용할 수 없다는 부모님의 말씀에 시은이는 불만이 폭발하고 말았어요.

"엄마, 아빠! 정말 너무해요. 저는 스마트폰 없으면 잠도 잘 안 온다고요."

그러자 부모님의 표정은 한층 더 어두워졌어요.

"엄마, 아빠가 왜 스마트폰 사용을 걱정하는지 아니?"

"글쎄, 잘 모르겠어요."

"그렇구나. 그럼 우리 같이 한번 생각해 볼까?"

시은이는 부모님이 왜 그렇게 스마트폰 사용을 걱정하는지 스스로 답을 찾아보기로 했어요. 스마트폰의 재미를 부모님은 왜 모르는 걸까 답답하기도 했고요.

'스마트폰을 오래 사용하면 어떤 문제가 생기는 거지……?'

💬 혹시 나도 스마트폰 과의존증?

여러분 중에는 이미 스마트폰을 가지고 있는 친구들도 있을 거예요.

여러분은 스마트폰으로 주로 무엇을 하나요? 아마 친구들에게 메시지를 보내거나 음악을 듣기도 하고 때로는 게임도 즐길 거예요. 그중에서도 가장 많이 하는 것은 동영상 시청일 거고요.

스마트폰은 재미있고 편리하지만 이용할 때는 반드시 조심해야 해요. 하루 종일 스마트폰을 붙잡고 있다 보면 '스마트폰 과의존'에 빠질 수 있거든요. 스마트폰 과의존이란 필요 이상의 사용으로 스마트폰에 중독되어 일상생활에 지장이 가는 것을 말해요. 요즘은 초등학생 사이에서도 스마트폰 과의존을 호소하는 경우가 많아졌어요. 혹시 나도 스마트폰 과의존은 아닌지 한번 스스로 점검해 볼까요?

●스마트폰 과의존 체크리스트●

스스로에게 질문해 보고, 맞으면 V 표시로 체크해 보세요.

- ☐ 밤늦게까지 스마트폰을 하다가 지각한 적이 있다.
- ☐ 밥을 먹을 때도 스마트폰을 본다.
- ☐ 친구들과 함께 있을 때에도 스마트폰을 손에서 놓지 않는다.
- ☐ 공부를 할 때도 스마트폰 생각에 집중이 잘 안 된다.
- ☐ 친구들과 직접 대화하는 것보다 스마트폰으로 메시지를 주고받는 것이 더 편하다.

위의 질문들은 스마트폰 과의존을 겪는 친구들의 대표적인 특징이에요. 여러분은 몇 개의 항목에 그렇다고 체크했나요?

우리가 스마트폰에 중독되는 가장 큰 이유는 끊임없이 새로운 자극을 주기 때문이에요. 세상에는 왜 이리 재밌는 것들이 많은지, SNS에 올라오는 사진이나 정보, 영상을 구경하다 보면 애초 시작한 목적과 다른 것을 보고 있는 나를 발견하게 되죠.

온라인 게임도 마찬가지예요. 온라인 게임은 자극적이고 즉각적 쾌감이 큰 만큼 중독성이 강해요. 게임 속 캐릭터의 레벨을 올리고 새로운 아이템을 얻는 데 집중하다 보면 어느새 훌쩍 시간이 지나가 있지요.

💬 스마트폰 중독에서 벗어나려면

스마트폰 중독은 왜 위험할까요? 우선 스마트폰을 오랜 시간 사용하면 건강을 해칠 수가 있어요. 잠을 충분히 자지 못하고 운동이 부족해지니 몸이 약해져요. 과도한 스마트폰의 사용으로 눈이 나빠질 수도 있고요. 잘못된 자세로 오랜 시간 화면을 들여다보면 뼈나 근육의 성장에도 방해가 되지요.

그 정도가 심할 때는 스마트폰이 없으면 불안해하거나, 숏츠나 릴스처럼 짧은 영상에 익숙해지면서 기억력과 집중력이 떨어져 학교 수업을 듣는 데 어려움을 겪는 친구들도 있어요. 책을 읽고 이해하는 능력도 떨어질 수밖에 없죠.

혹시 '디지털 격리 증후군'이란 말을 들어 본 적 있나요? 스마트폰을 통해 대화를 나누는 것이 편해지면서 일상생활에서 진짜 사람들과 관계 맺는 것을 어려워하는 증상을 뜻해요. 여러분의 나이에는 선생님과 친구들을 비롯해 다양한 사람들과 함께 어울리며 사회를 경험하는 것이 중요해요. 그런데 스마트폰으로 소통하는 데 익숙해지면 다른 사람과 어울리는 능력, 남을 이해하는 공감 능력 등을 키울 수가 없어요.

문제는 이뿐만이 아니에요. 인터넷에 무분별하게 올라오는 잘못된 정보들로 인해 세상을 바라보는 눈이 왜곡되거나 좁아질 수 있어요. 아직 내게 필요한 진짜 정보와 가짜 정보를 가려내는 힘이 부족하기 때문에 내가 접하는 정보만이 진실이라고 믿게 되는 거지요.

그렇다면 스마트폰에 중독되지 않으려면 어떻게 해야 할까요?

먼저 스마트폰 보관함을 만들어 잠을 자거나 공부할 때는 그곳에 스마트폰을 보관해요. 그리고 스스로 정한 시간에만 스마트폰을 사용하는 거죠. 또 스마트폰에는 스크린 타임을 설정할 수 있는 기능이 있는데요, 스크린 타임을 설정해 두면 내가 스마트폰을 얼마나 사용하고 어떤 앱을 가장 많이 사용하는지 알 수 있어요. 이 기능을 활용하여 평소 얼마나 스마트폰을 이용하는지 확인하고 스스로 사용을 조절해 보는 연습을 한다면 좋겠죠.

종종 길을 걸어가면서도 스마트폰을 사용하는 사람들이 있는데요, 안전사고의 위험이 있으니 절대 해서는 안 되는 행동이에요.

💬 스마트폰을 스마트하게 쓰는 방법

스마트폰은 조심해야 할 점도 많지만 잘 이용한다면 우리의 삶에 큰 도움이 돼요. 올바르게 사용하는 방법에 대해 함께 알아볼까요?

먼저 유튜브 활용법에 대해 알려 줄게요. 유튜브는 선정성, 폭력성, 공포, 범죄 및 약물, 부적절한 언어, 사행성 등의 5가지 요소를 고려하여 시청 연령 등급을 나누어요. 초등학생 친구들은 전체관람용 영상을 시청해야 해요. 이것만 잘 지켜도 유해 영상을 충분히 피할 수 있어요. 또

스마트폰에 중독되지 않으려면?

유튜브에는 좋은 정보와 지식을 쉽고 재밌게 전달해 주는 콘텐츠가 많아요. 이를 적극 활용하면 교과 공부에도 도움을 받을 수 있어요. 내가 좋아하는 분야에 대해 탐구하는 즐거움도 얻을 수 있고요.

스마트폰 게임을 즐기면서도 부작용을 최소화하는 가장 간단한 방법은 게임 등급을 확인하는 거예요. 유튜브처럼 게임에도 등급이 있어요. 어린이라면 '전체이용가'로 표기되어 있는 게임만 하도록 해요. 잔인하고 난폭한 게임 영상은 뇌 발달에 나쁜 영향을 미쳐요. 이런 게임에 자주 노출된 친구들은 일상생활 속에서 자신도 모르게 나쁜 말과 행동이 튀어나오곤 해요. 또 현금으로 아이템을 구매해서도 안 되고, 낯선 사람이 아이템이나 게임 머니를 공짜로 주겠다고 접근한다면 위험하니 꼭

피해야 해요.

스마트폰에 있는 앱을 활용하면 공부에도 도움을 받을 수 있어요. 사전 앱을 통해 낱말 뜻을 쉽게 확인할 수 있고, 영어 학습 앱을 깔아 영어 공부에 도움을 받을 수도 있죠. 또 학습 플래너나 캘린더 앱을 이용해서 학습 계획을 세우고 하루 학습량과 내용을 적어 손쉽게 공부 관리도 할 수 있어요.

선생님이나 부모님과 스마트폰을 언제 어떻게 사용할지 함께 계획을 세워 보세요. 훨씬 슬기롭게 스마트폰을 이용할 수 있을 거예요. 물론 그 계획을 지키기 위해서는 스스로와의 약속을 잘 지켜야겠죠?

끝으로 여러분에게 꼭 해 주고 싶은 말이 있어요. 스마트폰을 사용한 후에는 충분히 휴식을 취하고, 친구들과 운동하거나 책을 읽는 등 건강한 활동을 꼭 함께하기를 바라요.

사이버 범죄는 어떤 처벌을 받을까?

사이버 범죄를 일으키는 청소년들이 갈수록 늘어나 사회적 문제가 되고 있어요. 사이버 공간에서 특정인에게 욕설과 모욕을 하는 사이버 모욕뿐 아니라 해킹, 음란물 유포, 직거래 사기, 스토킹, 불법 도박 등 그 종류도 다양하죠.

특히 청소년 사이에서 벌어지는 사이버 폭력은 명백한 학교 폭력이에요. 물리적 폭력이 없는 온라인 폭력이라고 해서 가볍게 볼 문제가 아니죠. '카톡 감옥', '방폭' 등의 단체

다양한 사이버 폭력의 유형

언어 폭력	사이버 공간에서 문자, 사진, 동영상 등으로 비방 글, 악성 댓글, 욕설 등을 올리는 행위
영상 유포	개인의 사생활과 관련된 특정 신체 부위나 각종 유해성 사진, 영상 등을 전송 및 유포하는 행위
따돌림	사이버 공간에서 특정 상대를 대화에 참여하지 못하게 하거나 채팅방에서 퇴장하지 못하게 하는 것과 같은 모든 행위
갈취	와이파이 셔틀, 게임 머니 등 사이버상의 갈취 형태의 괴롭힘
스토킹	원하지 않는 문자, 사진, 동영상을 반복적으로 보내 상대방에게 공포심이나 불안감을 주는 모든 행위

출처: 서울특별시교육청

대화방을 통한 사이버 폭력은 당하는 사람에게 심각한 상처를 주는 행위로 어떤 경우에도 용납될 수 없어요.

청소년 사이버 폭력은 어떤 처벌을 받게 될까요? 사이버 폭력을 일으킨 청소년은 교육지원청에 설치된 '학교 폭력 대책 심의 위원회'에서 심의를 받게 돼요. 폭력의 심각성에 따라 다르겠지만 심한 경우에는 학교 봉사와 사회 봉사, 전학, 퇴학 등의 조치를 받을 수 있어요.

만약 사이버 폭력을 당했다면 반드시 부모님이나 선생님께 알리고 도움을 요청하도록 해요. 그리고 문제 해결에 적극적 도움을 받을 수 있도록 청소년 사이버 상담센터와 같은 사이버 폭력 상담 또는 신고 사이트에 신고하는 것도 잊지 마세요.

신고 방법	신고 내용	홈페이지, 전화
학교 폭력 신고센터 (안전 Dream)	학교 폭력 및 사이버 폭력 신고	safe182.go.kr
사이버 범죄 신고 시스템(ECRM)	사이버 범죄 신고, 상담, 제보	ecrm.police.go.kr
방문 신고	가까운 경찰서 민원실에 방문해 신고	
문자, 전화 신고	국번 없이 117(학교 폭력 신고센터), 문자 신고 #0117	

신고 방법을 알아 두어야지.

4장

나는야 정의로운
디지털 시민!

스마트폰은 알고 있다, 내가 어제 한 일을!

  내일은 학교 수업 시간에 친구들과 토론을 하기로 한 날이에요. '학교에서 스마트폰을 사용해도 되는가?'를 주제로 찬반 의견을 나누기로 했어요.

  주제를 들은 주환이는 학교에서 스마트폰을 사용해도 된다고 주장하기로 했어요. 그리고 토론을 하기 위해 유튜브에서 먼저 자료를 찾기 시작했어요. '초등학생 스마트폰 사용 찬성'을 키워드로 검색하자 수많은 영상이 목록에 나타났어요. 주환이는 그중에서 자신과 의견이 같은 영상에 눈길이 갔어요. '초등학생도 스마트폰을 사용할 권리가 있다!'는 제목의 영상이었죠.

  영상을 클릭하자 유튜버가 나와서 초등학생이 스마트폰을 사용해야 하는 이유에 대해 열심히 설명했어요.

'공부를 더 잘하기 위해서는 스마트폰이 반드시 필요하다.'

'급한 일이 있을 때 스마트폰이 있으면 부모님에게 안전하게 연락할 수 있다.'

'스마트폰이 없으면 친구들과 어울리기 힘들다.'

이런 내용들이 있었죠. 주환이도 고개를 끄덕이며 이에 동의했어요. 사람들의 댓글을 보니 모두 자기와 같은 생각인 걸 알 수 있었어요. 유튜브에는 다른 추천 영상들도 볼 수 있었는데, 많은 사람이 초등학생도 스마트폰이 필요하다고 말하고 있었어요.

영상들을 본 주환이는 사람들 모두가 스마트폰 사용에 찬성하고 있다는 생각이 들었어요.

'모두 초등학생이 스마트폰 사용하는 것에 동의하고 있잖아? 이건 토론할 필요도 없겠는데?'

이튿날 토론 시간, 주환이는 자신 있게 주장을 하기 시작했어요.

"저는 초등학생도 스마트폰을 사용해야 한다고 생각합니다. 공부를 잘하기 위해서도, 부모님께 연락하기 위해서도 필요하니까요."

그러자 미정이가 반대 의견을 발표했어요.

"저는 반대합니다. 스마트폰을 사용하면 눈도 나빠지고 수업 시간에 집중하기 어렵습니다."

미정이의 반박에 주환이가 소리를 높여 말했어요.

"하지만 유튜브에서 자료를 찾아보니 모두 저와 같은 의견을 가지고 있던걸요?"

"거짓말하지 마세요. 제가 본 영상에서는 다 스마트폰을 사용하면 안
된다고 하고 있었어요."

미정이 또한 자신의 의견을 굽히지 않았어요.

미정이의 말을 들은 주환이는 깜짝 놀랐어요. 자기가 본 유튜브 영상

에서는 그런 말을 찾을 수 없었거든요.

　'대체 누가 거짓말을 하고 있는 거지? 내가 본 영상에서는 하나같이 초등학생도 스마트폰을 사용해야 한다고 했는데?'

　주환이는 혼란스러운 마음을 감추지 못했어요.

💬 들어는 봤니? 빅데이터!

주환이에게 일어난 일은 바로 '빅데이터(big data)'와 '알고리즘 (algorism)' 때문에 생긴 것이에요. 빅데이터는 디지털 환경에서 생성되는 모든 문자와 영상 등을 포함한 대규모 데이터를 말해요. 우리가 스마트폰이나 컴퓨터를 이용하면서 만들어 내는 모든 순간의 데이터들이 모여서 빅데이터를 이루죠. 그 방대한 양의 빅데이터를 분석하면 알고리즘이라는 규칙을 만들 수 있어요.

심지어 나의 일상에서 다양한 정보가 이 빅데이터에 남게 되는데요, 대체 언제일까요? 우선 웹사이트에 회원 가입을 하기 위해 개인 정보를 입력할 때가 있죠? 이때 입력한 개인 정보는 빅데이터에 저장돼요. 또 우리가 인터넷에서 정보를 검색하고 소셜미디어에 사진과 영상을 올릴 때도 마찬가지예요. 심지어 친구의 게시물에 '좋아요'를 누르고 댓글을 달 때도 나의 성향이 빅데이터에 반영되죠. 즉 우리가 남긴 모든 디지털 흔적이 빅데이터가 되어 내가 무엇을 좋아하고, 어떤 성향을 가지고 있는지 분석하는 데 활용돼요.

스마트폰과 컴퓨터를 이용하다 보면 어느 순간 최근 나의 관심사와 관련된 광고가 화면 곳곳에 떠 있는 경험을 해 봤을 거예요. 이것들도 빅데이터에 축적된 나의 정보들을 이용한 거예요. 예를 들어 온라인 서점에서 구매한 책의 이력을 분석해 내게 맞는 책을 추천해 주고, 내가 유튜브에서 즐겨 보는 영화나 드라마를 기반으로 나의 취향을 분석해 다른 콘텐츠를 추천해 주는 거지요.

이처럼 빅데이터를 활용한 서비스들은 우리가 원하는 정보를 신속하고 빠르게 제공해 주어 매우 편리해요. 하지만 때로는 감시당하고 있다는 느낌을 주기도 해요. 그래서 우리는 대체 누가 데이터를 관리하고 어떻게 이용하는지 알 필요가 있어요.

💬 알고리즘이 뭐야?

빅데이터 기술이 발달하며 우리의 성향과 취향을 분석한 알고리즘 추천이 일상화되었어요.

알고리즘이란 간단히 설명해서 문제를 해결하기 위한 절차, 방법, 규칙 등을 의미해요. 프로그래머가 어떤 일을 처리하도록 만든 규칙이라고 할 수 있어요.

알고리즘의 작동 방식에는 대표적으로 두 가지가 있는데, 바로 '콘텐츠 기반 필터링'과 '협업 필터링'이에요. 콘텐츠 기반 필터링은 내가 직접 선택한 콘텐츠들을 통해서 나의 정보를 파악하여 다른 콘텐츠를 추천해 주는 것이고요. 협업 필터링은 나와 비슷한 특징을 가진 사람들이 좋아하는 것을 추천해 주는 방식이에요.

유튜브는 알고리즘을 통해 콘텐츠를 추천하는 대표적인 플랫폼이에요. 유튜브에는 상상도 못할 만큼 다양한 콘텐츠들이 있죠. 그런데 어쩌면 우리는 그 많은 콘텐츠 중에서 우리가 보고 싶은 것, 내 성향이나 생각과 비슷한 콘텐츠만 보고 있는지도 몰라요. 알고리즘 추천을 통해서 말이지요.

이게 무슨 문제냐고요? 내가 보고 싶은 콘텐츠를 중심으로 본다는 것은 이야기 속 주환이와 친구들처럼 나와 의견이 비슷한 사람들의 글과 영상만 접하게 된다는 뜻이에요.

그럼 어떻게 될까요? 사람들의 다양한 생각을 알기가 어려워요. 추천 알고리즘에서 얻은 정보를 비판 없이 받아들이게 되고, 내 생각은 점점 더 한쪽으로 쏠리게 돼요. 이렇게 이용자의 관심에 따라 한정되고 편향된 정보에 갇히는 현상을 '필터 버블'이라고 해요.

똑같은 걸 보더라도 사람들의 생각은 저마다 달라요. 그래서 서로 소통하면서 상대방을 이해하고 내 의견에 잘못된 점은 없는지 되돌아봐야 하죠. 이 과정을 통해 디지털 문해력이 길러진답니다. 나와 다른 생각을 가진 사람들의 의견도 존중하게 되고 틀린 것이 아닌 나와 다른 것뿐임을 이해하게 돼요. 이를 위해서는 평소 다양한 의견을 접하기 위해 노력하는 자세가 중요해요.

💬 내 정보는 내가 지킨다!

빅데이터와 알고리즘에 대해 알고 나니 어떤 생각이 드나요? 알고리즘이 내게 맞는 콘텐츠와 상품들을 추천해 주니 편리하다는 생각도 들지만, 한편으론 누군가 나에 대한 정보를 모아서 분석한다는 것이 조금 불쾌하기도 할 거예요. 그렇다고 스마트폰이나 컴퓨터를 사용하지 않을 수도 없잖아요.

그런데 여기서 생각해 볼 점이 있어요. 혹시 웹사이트나 플랫폼에 가입할 때 뜨는 '동의합니다' 버튼을 별생각 없이 누른 적은 없나요? 꼼꼼하게 내용을 읽어 보지도 않고 말이죠. 인터넷을 사용하다 자신도 모르게 노출되는 정보가 걱정된다면 평소 나의 개인 정보를 지키려는 노력이 필요해요.

유튜브의 추천 영상 알고리즘에서 벗어나고 싶다면 시청 기록과 검색 기록을 자주 삭제해 주는 것이 좋아요. 물론 알고리즘을 통해 나의 관심 분야를 집중적으로 탐구할 수 있다는 장점도 있어요. 하지만 더욱 다양한 의견과 풍성한 정보를 얻고 싶다면 알고리즘의 덫에 빠지지 않도록 해야 해요.

우리가 유튜브만큼 많이 사용하는 인터넷 플랫폼인 네이버의 경우 개인 정보를 안전하게 관리하는 방법이 있어요. '2단계 인증'을 설정하는 것인데요, 로그인을 한 후에 '내 정보'로 이동한 후 '보안 설정'을 클릭해

내 정보를 스스로 지키는 법

주세요. 그리고 비밀번호 창 아래에 있는 '2단계 인증'을 선택하고 안내에 따라 진행하면 해킹 걱정 없이 안전하게 보안을 유지할 수 있어요.

또 모르는 문자 메시지나 이메일은 함부로 확인하지 않으며, 무심코 불법 프로그램을 설치하는 일이 없도록 해야 해요. 이것은 아무리 강조해도 지나치지 않아요. 무심코 한 행동이 우리도 모르는 사이에 개인 정보를 누출시킬 수 있으니까요. 그리고 비밀번호를 주기적으로 바꾸고 보안 프로그램을 사용하는 것도 잊어서는 안 돼요.

기업에서도 우리의 개인 정보를 지키기 위해 노력하고 있지만 무엇보다 우리 스스로의 노력이 필요해요. 지금부터라도 스마트폰을 들고 앞에서 알려 준 내용들을 실천해 보는 것은 어떨까요?

크리에이터가
되고 싶다면

오늘도 종엽이는 스마트폰에 빠져서 유튜브를 보고 있어요. 종엽이가 제일 좋아하는 유튜버 〈마녀유람TV〉의 유람 누나를 보기 위해서였죠. 마침 새로운 콘텐츠가 올라와 있었고, 종엽이는 깔깔거리며 시청했어요.

"여러분, 오늘은 몰래 젤리 훔치기 상황극을 해 볼 거예요."

영상 속의 유람 누나는 편의점에 가서는 젤리를 한 움큼 집어 가방 속에 넣는 시늉을 했어요.

"상황극이니 여러분은 절대 따라 하면 안 돼요."

유튜버 유람은 속삭이듯 작은 소리로 말했어요. 하지만 종엽이의 눈에는 실제 상황처럼 생생했죠. 유람 누나의 행동에 재미를 느낀 종엽이는 자기도 한번 따라 해 보고 싶은 충동을 느꼈어요.

'나도 한번 해 볼까? 정말 재밌을 거야.'

종엽이는 두근거리는 마음으로 편의점으로 향했어요. 그리고 젤리가 있는 진열대 앞에 섰어요.

막상 눈앞에 젤리를 보자 종엽이의 심장이 쿵쾅거렸어요. 숨을 크게 들이마신 종엽이는 젤리를 들어 주머니 속에 넣었어요. 그리고 유유히 편의점을 나오려고 했죠.

편의점 문을 나서려는 그 순간 편의점 주인아저씨가 종엽이를 불렀어요.

"애야! 계산을 하고 가야지!"

"네? 저는 아무것도 안 샀는데요?"

종엽이가 능청스럽게 말했어요.

"아저씨가 다 봤어. 주머니 속에 젤리를 넣었잖아?"

편의점 아저씨에게 들킨 종엽이는 겁이 나서 편의점 문을 열고 도망가려 했어요. 하지만 주인아저씨가 곧바로 따라 나와 종엽이의 어깨를 붙잡았어요.

"도둑질하면 나쁜 어린이야. 너희 엄마 전화번호 불러 봐라."

종엽이는 어쩔 수 없이 엄마에게 전화를 했고, 상황 설명을 들은 엄마는 깜짝 놀라 편의점으로 달려왔어요.

"정말 죄송해요. 물건 값은 열 배로 갚아 드릴게요."

놀란 엄마의 얼굴을 본 종엽이는 얼굴이 빨개졌어요. 엄마에게 미안한 마음과 함께 앞으로 혼날 생각에 겁이 났어요.

물건 값을 지불하고 집으로 돌아온 종엽이는 아무 말도 하지 못한 채

엄마 앞에 서 있었어요.

"종엽아, 대체 왜 그런 행동을 했니?"

엄마가 물었어요.

"그게…… 유튜버가 젤리를 훔치는 걸 보고 재밌어 보여서 그랬어요. 죄송해요."

"대체 어떤 유튜버가 도둑질을 한단 말이야?"

종엽이는 엄마에게 〈마녀유람TV〉의 영상을 보여 줬어요.

"이렇게 나쁜 행동을 하는 유튜버의 영상을 봤단 말이야? 이건 좋은 콘텐츠가 아니야!"

"하지만 상황극일 뿐이에요. 인기도 아주 많은 유튜버고요. 물론 저는 실제로 따라 했지만……."

종엽이가 변명을 하기 시작했어요.

"인기가 많다고 꼭 좋은 유튜버라고 할 수는 없어. 앞으로 이런 콘텐츠는 보면 안 돼."

결국 종엽이는 다시는 이 유튜브 채널을 보지 않기로 약속했어요. 하지만 종엽이는 궁금했어요.

'인기가 많다고 좋은 유튜버인 건 아니라고? 그럼 좋은 유튜버는 어떻게 구분하지?'

💬 크리에이터도 직업일까?

유튜브는 전 세계 사람들이 이용하는 동영상 공유 플랫폼이에요. 유튜브의 영향력이 커지면서 콘텐츠를 제작하는 크리에이터가 많아졌어요.

더욱이 유튜브는 크리에이터가 자신만의 개성을 살려 다양한 콘텐츠를 만들어 올릴 수 있다는 장점이 있어요. 그만큼 사회, 경제, 문화, 정치 분야의 뉴스뿐 아니라 게임, 스포츠, 음악 등 콘텐츠의 주제도 매우 다양해요. 전문가가 올린 학습 영상을 볼 수도 있고, 좋아하는 음악을 찾아 들을 수도 있으며, 가고 싶은 여행지의 풍경을 감상할 수도 있어요.

이뿐만 아니라 페이스북이나 인스타그램, 틱톡 등 다양한 SNS 플랫폼을 통해 나의 생각이나 일상을 사진 한 장, 짧은 글 등으로 언제 어디서나 자유롭게 공유할 수 있게 되었어요. 사람들이 올린 피드에 댓글을 남기거나 '좋아요'를 누르며 서로가 가진 정보를 나누고 응원을 보내곤 하지요. 마음에 드는 계정은 팔로잉을 하거나 구독 신청을 하여 더 긴밀하게 소통을 나눌 수도 있어요.

SNS 소통이 일상화되면서 많은 공감과 사랑을 받는 사람들이 생겨났어요. 그들 중에는 연예인, 정치인처럼 유명 인사뿐만 아니라 변호사, 의사처럼 전문 직업을 가진 사람도 있지만, 학생, 전업주부 등 평범한 사람들도 있어요.

이제 크리에이터도 디지털 세상에서 존재하는 하나의 직업이 되었어요. 그렇기 때문에 크리에이터는 정확하고 유익한 정보를 사람들에게 전달해야 한다는 사명감을 가져야 해요. 오로지 재미있고 자극적인 영상을 만들어 돈을 벌려고 해서는 안 돼요. 만약 친구들이 크리에이터가 되고 싶다면 사람들에게 도움이 되는 콘텐츠를 만들겠다는 다짐이 필요해요. 직업을 갖는다는 것은 그 직업을 통해 사회에 선한 영향력을 미치겠다는 의지를 뜻해요. 좋은 크리에이터가 되기로 마음을 먹었다면 우선 좋은 콘텐츠란 무엇이며 나만이 창작할 수 있는 것에는 무엇이 있을지 차근차근 생각해 보도록 해요.

💬 유튜버라고 다 같은 유튜버가 아니다!

누구나 유튜버가 될 수 있지만 인기를 얻기는 쉽지가 않아요. 그래서 많은 유튜버가 유명해지기 위해 부적절한 콘텐츠를 만들기도 해요. 그러다 보니 유튜브에는 특히 어린이들에게 유해한 콘텐츠가 많이 있어요. 여러분은 한창 배워 나가는 시기로 잘못된 콘텐츠에 영향을 받으면 훌륭한 어른으로 성장하는 데 방해가 될 수 있어요. 좋은 유튜브 채널과 영상을 구분하기 위한 노력이 필요해요.

키즈 유튜브 채널이라고 모두 어린이들에게 유익한 영상을 올리지는 않아요. 예를 들어 어떤 유튜버들은 위험한 상황극이나 먹방을 찍기도 해요. 실제로 일부 키즈 유튜버가 부모님의 지갑에 손을 대는 상황극을 한다거나, 먹으면 위험한 음식을 먹는 등의 콘텐츠를 만들어 대중의 눈살을 찌푸리게 하기도 했죠.

때로는 키즈 유튜브에 출연하는 아이들의 모습이 아동 학대로 보인다는 의견도 있어요. 촬영을 위해 아이들을 혹사한다는 거지요.

이렇게 유튜버가 사회적으로 물의를 일으키는 경우가 많아지면서 유튜브 채널에 대한 더욱 적극적인 규제가 필요하다는 목소리도 높아지고 있어요.

그렇다면 어떤 유튜브 채널을 봐야 할까요? 우선 도덕적으로 문제가 없는 영상이어야 해요. 그리고 어린이들에게 잘못된 정보나 생각을 심

나쁜 유튜브 채널

어 주는 영상은 피할 수 있도록, 보고 싶은 영상이 생기면 부모님이나 선생님에게 확인받는 것이 좋아요. 신기한 과학 실험을 보여 주거나 영어를 가르쳐 주는 유튜브 채널은 호기심도 해결해 주고 공부에 도움이 되겠죠? 다양한 동요를 소개해 주는 콘텐츠는 함께 노래를 부르며 즐길 수 있을 거예요. 이처럼 어린이들에게 유익한 유튜브 채널도 많이 있으니 부모님, 선생님과 함께 찾아보세요.

좋은 유튜브 채널

💬 나도 크리에이터가 될 수 있어!

2023년 교육부와 한국직업능력연구원에서 발표한 초등학생들의 장래 희망 조사에 따르면, 유튜버가 4위를 기록했다고 해요. 우리 친구들 중에서도 유튜브를 보는 것에서만 만족하지 않고 직접 콘텐츠를 만들어 사람들과 소통하고 싶어 하는 친구들이 많을 거예요.

그럼 좋은 콘텐츠를 만들려면 어떻게 해야 할까요? 먼저 꼭 알아 두어야 할 것들이 있어요.

첫째, 사실에 기반을 둔 정확한 내용의 콘텐츠를 만들어야 한다는 거예요. 둘째, 도덕성을 갖춘 유튜버가 되어야 해요. 자극적인 콘텐츠를 추구하느라 타인을 폄하하거나 비방해서는 안 돼요. 그리고 마지막으로 흥미

로우면서도 나만의 전문성을 갖춘 콘텐츠를 만드는 것이 중요해요.

그럼 나만의 독창적인 콘텐츠를 만들기 위해서는 어떻게 해야 할까요? 먼저 자기가 뭘 좋아하고 어떤 것을 잘하는지 고민해 보는 시간이 필요해요. 예를 들어 악기를 잘 다룬다면 자신이 연주하는 음악을 들려주는 콘텐츠를 만들 수 있을 것이고, 운동을 좋아한다면 다양한 운동을 즐기는 영상을 콘텐츠로 만들 수도 있을 거예요.

당장 내가 잘하는 것이 없다고 실망할 필요는 없어요. 어린이 여러분은 여러 분야를 배워 나가며 꿈을 찾아가는 시기니까요. 그렇지만 조금 더 빨리 찾는 방법을 묻는다면, 독서를 권해요. 다양한 책을 접하다 보면 내가 뭘 좋아하고 잘할 수 있는지 발견할 수 있거든요.

과연 나는 어떤 콘텐츠를 만들어 사람들에게 도움을 줄 수 있을지 생각해 보세요. 때로는 실패나 실수하는 모습도 다른 이들에게 큰 위로를 줄 수 있답니다. 다시 도전하면 되니까요. 그리고 콘텐츠를 만든 후에도 인기를 얻기 위해 애쓰기보단 사람들에게 더욱 유익한 영상을 만들기 위해 노력하는 것도 잊지 말아야 해요.

유튜브뿐만 아니라 SNS에서도 지켜야 할 것이 있어요. 나의 계정이라고 해서 아무 고민 없이 사진이나 영상, 글을 올릴 수 있는 건 아니에요. 누군가에게 불쾌감을 주거나 상처 주지는 않을지 점검해야 해요. 개인이 자유롭게 꾸려 나가는 공간이지만 사회에 미칠 영향도 고려해야 하는 거죠. 이렇게 지켜야 할 것들을 잘 지킨다면 SNS는 전 세계 다양한 사람들과 교류하는 아주 매력적인 공간이 될 수 있어요. 나의 SNS 공간에 책임을 질 줄 아는 크리에이터가 될 수 있도록 노력해 봐요.

나는야 멋진
디지털 시민

"후유, 다들 재미있게 지내네."

한숨을 쉬며 스마트폰을 보고 있는 언니의 모습에 서형이가 물었어요.

"언니, 왜 그래?"

"SNS를 보니 친구들이 모두 좋은 곳에 놀러 가거나 쇼핑을 해서 신난 것 같아."

언니가 대답했어요.

서형이의 언니는 늘 SNS로 친구들의 모습을 보는 것을 좋아했어요.

"나도 좀 보여 줘."

서형이의 부탁에 언니가 스마트폰을 건네 줬고 서형이는 언니 친구들의 모습을 하나씩 넘겨봤어요. 언니의 친구들은 요즘 인기 있는 카페나 해외 휴양지처럼 보이는 곳에서 멋진 옷을 입고 밝게 웃고 있었어요. 새

가방을 사서 자랑하는 친구의 사진도 있었고요.

"나도 질 수 없지. 지난번에 바다에 간 사진을 올려야겠어."

언니는 바다에서 손가락으로 브이를 만들며 찍은 사진을 올리고 그 아래 이런 말을 남겼어요.

'즐거운 바다 소풍. 행복해~'

그러자 곧이어 언니의 친구들이 '좋아요'를 누르며 댓글을 달았어요.

'바다 간 거야? 진짜 부럽다.'

'나도 데려가~ㅎㅎ'

늘어나는 '좋아요' 숫자와 댓글을 보며 언니의 얼굴이 밝아졌어요. 그런 언니를 보며 서형이는 고개를 갸웃했어요. 바다에 갔을 때 언니가 물에 깊이 들어가려고 해서 엄마한테 혼이 났었거든요. 그날 언니는 하루 종일 풀이 죽어 있었죠.

"언니, 그날 물놀이하다 혼나서 기분 안 좋지 않았어?"

"맞아. 하지만 SNS에 그런 일을 쓸 수는 없잖아. 행복한 모습을 올려야 친구들이 부러워하지."

언니의 말을 듣자 서형이는 궁금해졌어요.

'언니는 왜 즐거운 모습만 올리려 하지? 친구들이 부러워하는 것이 그렇게 중요한가?'

💬 디지털 시대의 커뮤니케이션

여러분의 부모님은 어린 시절, 특정한 장소에서만 인터넷에 접속할 수 있었어요. 인터넷에 접속하기 위해서는 개인 PC가 있어야 했고, 인터넷에 연결할 수 있는 통신망이 필요했거든요. 지금은 언제 어디서나 스마트폰만 있으면 자유롭게 인터넷을 할 수 있어요. 즉 우리는 언제나 다른 사람들과 연결되어 있는 시대에 살고 있다고 해도 지나치지 않아요.

그러다 보니 우리는 때때로 현실 세계의 친구들보다 온라인에서 만난 사람들과 더 친밀감을 느끼기도 해요. 친구나 가족에게 하지 못하는 비밀도 이야기할 만큼요. 그런데 온라인상의 인간관계는 쉽게 친해지는 만큼 무너지기도 쉬워요. 상대방의 얼굴이나 정보를 확실하게 알 수 없으니 언제라도 관계를 끊을 수 있으니까요.

또 온라인에서의 모습이 전부 진짜가 아닐 수도 있어요. 실제의 나보다 더 멋진 모습을 보여 주고 싶어 나 자신을 꾸며 올리는 경우가 많아요. 내 물건이 아닌데 마치 새로 산 물건인 것처럼 거짓된 사진을 올린다거나, 이야기 속 서형이 언니처럼 사실은 무척 슬픈데 기쁜 척 글을 올리기도 하죠. 그러다 보니 다른 사람의 소셜미디어를 보다 보면 나 빼고 모두 행복하게 잘 사는 것만 같아요. 하지만 몇 장의 사진이 그 사람의 인생 전부를 보여 주는 것은 아니에요. 이 점을 꼭 잊어서는 안 돼요.

그런데 여러분, 언제 어디서나 스마트폰을 통해 사람들과 소통할 수 있고 사진과 영상을 공유할 수 있는 시대가 편리하고 좋기만 한가요? 인터넷 세상 속 연결에 집중한 나머지 진짜 현실은 제대로 즐기지 못하고 있지는 않나요? 실제로 많은 사람이 스마트폰이 없으면 불안하고 이 세상에 나 혼자만 있는 것 같은 외로움을 느낀다고 해요.

모든 일상에서 스마트폰을 가까이 하면 내 옆에 있는 가족이나 친구와의 대화는 점점 줄어들게 돼요. 온라인에서 만난 사람들과의 관계가 편해지면서 현실에서 만나는 사람들과의 관계에 소홀해지는 거죠. 디지털 세상에서는 현실에서보다 많은 사람을 만날 수 있지만 온라인 속의 관계에 너무 집중하다 보면 가까운 친구, 가족마저 멀어져 오히려 현실에서의 외로움은 더 커질 수도 있어요. 또 온라인으로 맺어진 관계는 순식간에 끊어질 수 있어 허무함을 느끼기 쉬워요.

장소와 시간의 구애 없이 다양한 사람과 교류할 수 있다는 점은 정말 엄청난 장점이에요. 하지만 이러한 관계에만 몰두해서는 안 돼요. 내 주변 사람들과 직접 대화하고 소통하는 시간도 소중히 하기로 해요.

💬 디지털 시민으로서 내가 할 수 있는 일은 무엇일까?

디지털 문해력을 키우기 위해서는 디지털 세상의 정보를 올바르게 처리하는 능력뿐만 아니라 디지털 시민으로서 바른 태도를 갖추는 것이 중요해요.

스마트폰에 너무 깊이 빠지면…

먼저 디지털 세상에서 만나는 사람들을 존중하고, 현실에서 만나는 사람만큼 배려해 줘야 해요. 얼굴이 보이지 않는다고 욕설이나 조롱을 해서는 안 돼요. 내가 온라인에서 소통하는 사람들도 누군가의 가족이고 친구라고 생각하고 예의를 지키도록 해요.

무엇보다 나 자신을 보호할 수 있어야 해요. 내 이름과 생일, 내가 다니는 학교나 사는 곳의 주소, 전화번호와 같은 개인 정보를 낯선 사람에게는 절대 알려 줘서는 안 돼요. 디지털 기기에는 보안 프로그램을 반드시 설치하고, 비밀번호를 쉽게 알 수 없도록 설정해야 해요. 의심스러운 문자 메시지나 이메일은 열지 않아야 하고요.

이와 동시에 기업이 우리들의 권리를 침해하거나 정치적·사회적으로 부당하게 운영하지는 않는지 끊임없이 감시하고 요구해야 해요.

또 악플이나 사이버 폭력으로부터 다른 이용자를 보호하려는 노력도 잊지 말아야 해요. 디지털 세상에서 괴롭힘을 당하는 약자를 본다면 적극적으로 그들을 보호하고, 사이버 불링을 하는 사람들의 행동을 바로 잡을 수 있도록 목소리를 높여 주세요.

디지털 세상은 바르게 이용만 할 수 있다면 대단히 편리하고 유익한 공간이에요. 내가 원하는 정보를 쉽고 빠르게 찾을 수 있고, 건강한 소통 문화를 통해 문제를 해결할 수도 있죠. 우리 디지털 기기를 잘 이용하는 것에서 더 나아가 올바른 디지털 문화가 자리 잡을 수 있도록 함께 노력해 봐요.

어때요, 디지털 문해력에 대해 알아보니 처음엔 어려웠던 것들도 이해하기 쉬워졌죠? 이제 우리가 직접 실천할 차례예요. 책에서 배운 것들을 떠올리며 디지털 세상을 멋지게 이용하도록 해요. 디지털 문해력을 갖춘 스마트한 디지털 시민이 된 어린이 여러분을 응원할게요.

디지털 시대엔 어떤 직업이 유망할까?

사회가 빠른 속도로 발전하면서 직업은 새로 생기기도 하고 사라지기도 해요. 그렇다면 우리가 살고 있는 디지털 시대에는 어떤 직업이 유망할까요?

● 인공 지능(AI) 전문가

인공 지능 전문가는 로봇이 인간처럼 생각하고 행동할 수 있는 기술을 개발해요. 그렇기 때문에 논리적인 사고 능력과 함께 창조적인 생각이 뒷받침되어야 하죠.
어떤 공부를 해야 할까요? 수학, 수리 논리학, 기초 과학, 심리학, 신경 생리학, 컴퓨터 공학, 정보 공학 등을 공부해야 해요.
관련된 직업에는 어떤 것들이 있을까요? 응용 프로그램 개발자, 소프트웨어 엔지니어, 시스템 개발자 등이 있어요.

● 빅데이터 전문가

빅데이터 전문가는 엄청난 데이터를 통해 시장이 어떻게 변화하는지를 분석하는 일을 해요. 빅데이터를 관리하고 분석하며 경제 상황과 사람들의 행동을 예측하죠.
어떤 공부를 해야 할까요? 통계학, 컴퓨터 공학, 산업 공학 등을 공부해야 해요.
관련된 직업에는 어떤 것들이 있을까요? 컴퓨터 시스템 설계 분석가, 시스템 소프트웨어 개발자, 응용 소프트웨어 개발자 등이 있어요.

● 스마트 도시 전문가

스마트 도시 전문가는 사물 인터넷과 인공 지능 기술을 통해 교통, 에너지, 학교 등의 도시 문제를 분석하고 도시 계획을 세우는 일을 해요.
어떤 공부를 해야 할까요? 도시 공학, 도시 지역 계획학, 미래 도시 융합 공학, 스마트시티 공학을 공부해야 해요.
관련된 직업에는 어떤 것들이 있을까요? 도시 디자이너, 사물 인터넷 개발자, 지리 정보 전문가 등이 있어요.

생각쑥쑥 지식학교 03
스마트한 10대를 위한 디지털 문해력

초판 1쇄 발행 2025년 2월 25일

글 | 신유종
그림 | 나인완

펴낸곳 | 보랏빛소
펴낸이 | 김철원

책임편집 | 김이슬
디자인 | 진선미
마케팅·홍보 | 이운섭

출판신고 | 2014년 11월 26일 제2015-000327호
주소 | 서울시 마포구 양화로1길 29 2층
대표전화·팩시밀리 | 070-8668-8802 (F)02-323-8803
이메일 | boracow8800@gmail.com

 어린이제품 안전특별법에 의한 제품 표시사항
제조자명: 보랏빛소 | 제조국명: 대한민국
제조년월: 2025년 2월 | 사용연령: 10세 이상